THE COMPLETE SPANISH WORKBOOK

for kids

Written and Illustrated by Jacy Corral

This book belongs to:

Want free goodies?!

Email us at

modernkidpress@gmail.com

Title the email "Spanish for Kids" and we'll send some goodies your way!

Follow us on Instagram!
@modernkidpress

Questions & Customer Service:
Email us at modernkidpress@gmail.com!

The Complete Spanish Workbook for Kids

©Modern Kid Press & Jacy Corral. All rights reserved. No part of this publication may be reproduced, distributed, or transmitted, in any form or by any means, including photocopying, recording, or other electronic or mechanical methods, without prior written permission of the publisher, except in the case of brief quotations embodied in critical reviews and certain other noncommercial uses permitted by copyright law.

Printed in China.

Table of Contents

Alphabet	2	The Farm	114
Vowels	18	Seasons	122
Special Sounds	20	Clothing	132
Numbers	32	Face and Body	138
More or Less	50	Family and Friends	146
Colors	56	Definite Articles	148
Shapes	74	Home	152
Same and Different	84	School and Classroom	158
Sizes	88	Places	164
Opposites	94	Days and Months	170
Senses	100	Handwriting Practice	176
Food	106	Glossary	182

Special thanks to my mother-in-law Ramona, who instilled the love of Spanish in my children from the beginning.

Muchas gracias a mi suegra Ramona, que hizo que mis hijos amaran la lengua española desde el principio.

¡Hola!

Welcome to *The Complete Spanish Workbook for Kids*! This resource is a jumping off point in your child's Spanish learning journey. With instructions in English and contextual translations, even non-native speakers will be able to guide their kids through each worksheet. If you get stuck on a word, just flip to the glossary in the back. And remember, practice is the best method to help a new language stick! Ask your child to speak each word out loud while they work through the activities. And remember to have fun!

¡Hola! Soy Pedro el pingüino.

Hello! I am Pedro the penguin.

¡Estoy aquí para ayudarte!

I am here to help you!

Pedro the Penguin will pop up throughout the book with helpful hints and quick translations!

Nombre _____ Fecha _____

Let's Learn the Spanish Alphabet!

The Spanish alphabet, called the **abecedario** (ah-beh-seh-dah-ryoh), is composed of 27 letters. The letters are almost exactly the same as the English alphabet, with one extra letter.

Each letter has its own special name in Spanish. Try saying each name out loud. What do you think it sounds like in Spanish? You will learn how to pronounce the name of each letter on the next pages!

☆ EL ABECEDARIO ☆

Aa	Bb	Cc	Dd	Ee	Ff	Gg
a	be	ce	de	e	efe	ge

Hh	Ii	Jj	Kk	Ll	Mm	Nn	Ññ
hache	ee	jota	ka	ele	eme	ene	eñe

Oo	Pp	Qq	Rr	Ss	Tt	Uu
o	pe	cu	ere	ese	te	u

Vv	Ww	Xx	Yy	Zz
ve	doble u	equis	i griega	zeta

Can you figure out which letter doesn't appear in the English alphabet? Circle it when you find it!

2 ALPHABET • The Complete Spanish Workbook for Kids

Nombre _____   Fecha _____

Color the Alphabet

1. Color all 27 letters of the Spanish alphabet. 2. Practice saying each letter out loud.

"ah"　　　"beh"　　　"seh"　　　"deh"

"eh"　"eh-feh"　"heh"　"ah-cheh"　"ee"

"hoh-tah"　"kah"　"eh-leh"　"eh-meh"　"en-neh"

"en-nyeh"　"oh"　"peh"　"koo"

"eh-rreh"　"eh-seh"　"teh"　"oo"　"beh"

"do-bleh-oo"　"eh-kees"　"ee gryeh-gah"　"seh-tah"

The Complete Spanish Workbook for Kids • ALPHABET

Nombre _____ Fecha _____

Learn the Letters

1. Trace the letter. 2. Fill in the first letter of each word. 3. Say the word out loud.

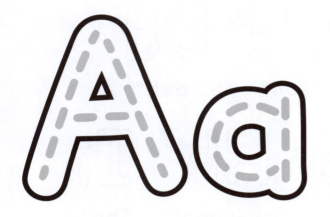

__migo

(**ah**-mee-goh)

__icicleta

(**bee**-see-kleh-tah)

___beja

(**ah**-beh-hah)

___allena

(**bah**-yeh-nah)

4 ALPHABET • The Complete Spanish Workbook for Kids

Nombre _____   Fecha _____

Learn the Letters

1. Trace the letter. 2. Fill in the first letter of each word. 3. Say the word out loud.

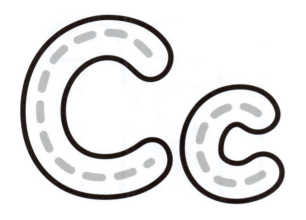

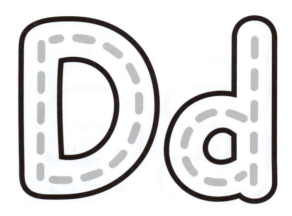

___C aracol

(**kah**-rah-kohl)

___D ado

(**dah**-doh)

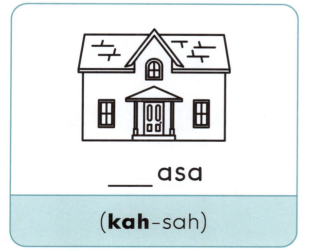

___asa

(**kah**-sah)

___elfin

(**deh**l-feen)

The Complete Spanish Workbook for Kids • ALPHABET

Nombre _____ Fecha _____

Learn the Letters

1. Trace the letter. 2. Fill in the first letter of each word. 3. Say the word out loud.

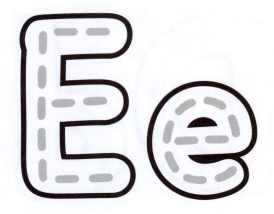

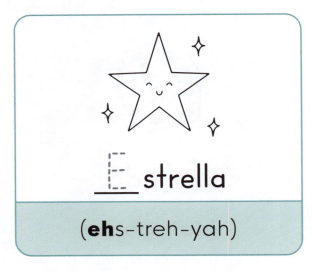

__strella

(**eh**s-treh-yah)

__lor

(**f**lohr)

__lefante

(**eh**-leh-fahn-teh)

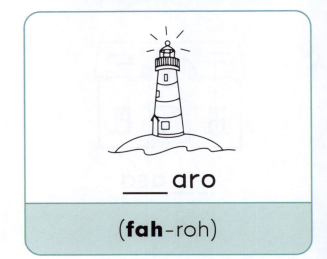

__aro

(**fah**-roh)

6 ALPHABET • The Complete Spanish Workbook for Kids

Nombre _____   Fecha _____

Learn the Letters

1. Trace the letter. 2. Fill in the first letter of each word. 3. Say the word out loud.

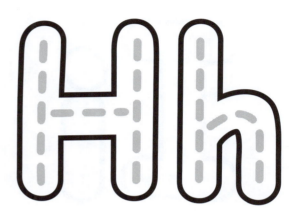

G̲uitarra

(**gee**-tah-rrah)

H̲uevo

(weh-boh)

Shhh! **Hache** is usually *silent*.

___ato

(**gah**-toh)

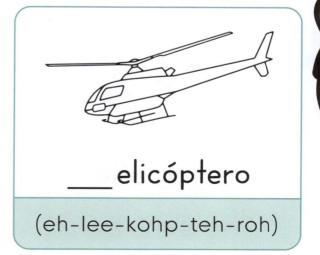

___elicóptero

(eh-lee-kohp-teh-roh)

The Complete Spanish Workbook for Kids • ALPHABET   7

Nombre _____ Fecha _____

Learn the Letters

1. Trace the letter. 2. Fill in the first letter of each word. 3. Say the word out loud.

Ii   Jj

___guana

(**ih**-gwa-nuh)

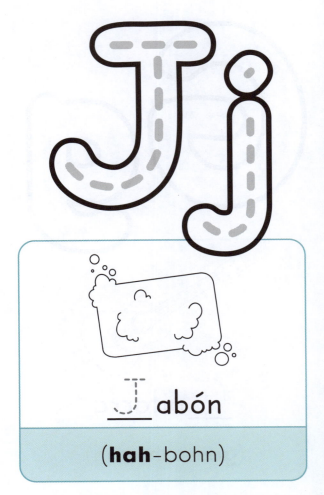

___abón

(**hah**-bohn)

___glesia

(**ee**-gleh-syah)

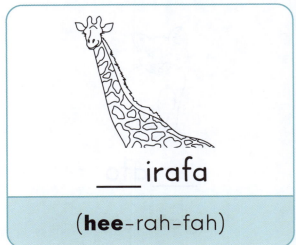

___irafa

(**hee**-rah-fah)

8   ALPHABET • The Complete Spanish Workbook for Kids

Nombre _____   Fecha _____

Learn the Letters

1. Trace the letter. 2. Fill in the first letter of each word. 3. Say the word out loud.

Kk   Ll

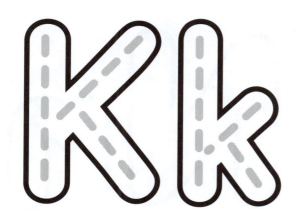

__K__iwi

(**kee**-wee)

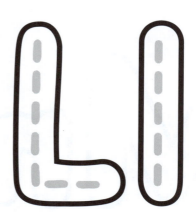

__L__angosta

(**lah**ng-gohs-tah)

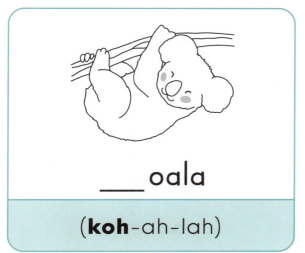

___oala

(**koh**-ah-lah)

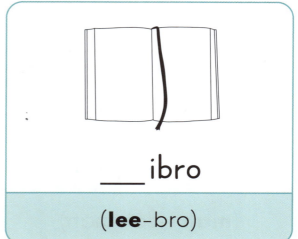

___ibro

(**lee**-bro)

The Complete Spanish Workbook for Kids • ALPHABET

Nombre _____ Fecha _____

Learn the Letters

1. Trace the letter. 2. Fill in the first letter of each word. 3. Say the word out loud.

Mm Nn

M ariposa

(**mah**-ree-poh-sah)

N ido

(**nee**-doh)

___anzana

(**mah**n-sah-nah)

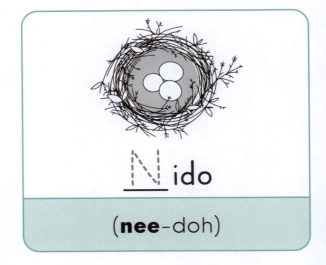

___ube

(**noo**-beh)

10 **ALPHABET** • The Complete Spanish Workbook for Kids

Nombre _____ Fecha _____

Learn the Letters

1. Trace the letter. 2. Fill in the first letter of each word. 3. Say the word out loud.

Ññ Oo

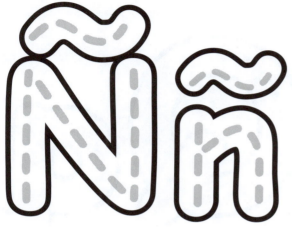

N___ame

(**nyah**-meh)

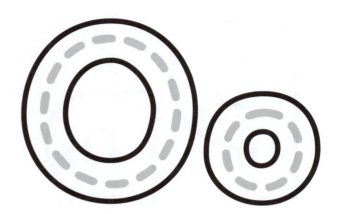

O___so

(**oh**-soh)

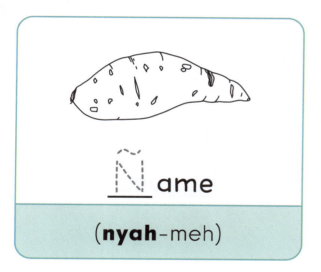

Ara___a

(ah-rah-**nyah**)

___reja

(**oh**-reh-hah)

The Complete Spanish Workbook for Kids • ALPHABET

Nombre _____ Fecha _____

Learn the Letters

1. Trace the letter. 2. Fill in the first letter of each word. 3. Say the word out loud.

__P__ ingüino

(**pee**ng-gwee-noh)

__Q__ ueso

(**keh**-soh)

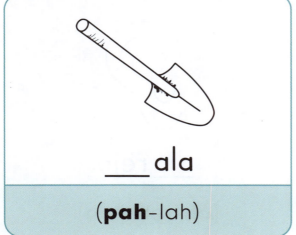

___ ala

(**pah**-lah)

What is the name of your **favorite food** in Spanish?

_____

HINT: SEE PAGES 106–113 FOR EXAMPLES!

12 **ALPHABET** • The Complete Spanish Workbook for Kids

Nombre _____ Fecha _____

Learn the Letters

1. Trace the letter. 2. Fill in the first letter of each word. 3. Say the word out loud.

Rr   Ss

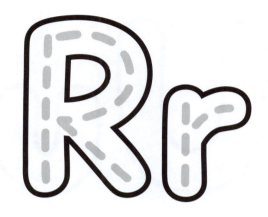

R eina

(**rrey**-nah)

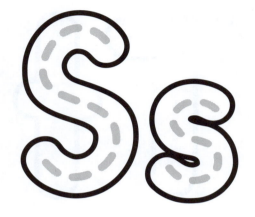

S ol

(**soh**l)

___atón

(**rrah**-tohn)

___andía

(**sah**n-dee-ah)

The Complete Spanish Workbook for Kids • ALPHABET   13

Nombre _____   Fecha _____

Learn the Letters

1. Trace the letter. 2. Fill in the first letter of each word. 3. Say the word out loud.

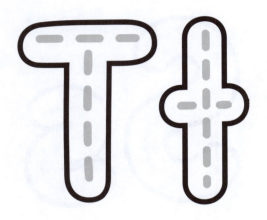

___ortuga

(**toh**r-too-gah)

___vas

(**oo**-bahs)

___ambor

(**tah**m-bohr)

___nicornio

(**oo**-nee-kohr-nyoh)

14   **ALPHABET** • The Complete Spanish Workbook for Kids

Nombre _____ Fecha _____

Learn the Letters

1. Trace the letter. 2. Fill in the first letter of each word. 3. Say the word out loud.

Vv   Ww

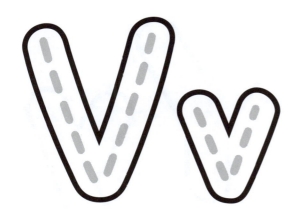

__V__iolín

(**by**oh-leen)

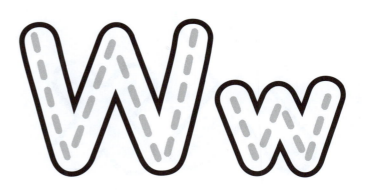

__W__ok

(**wa**k)

___aca

(**bah**-kah)

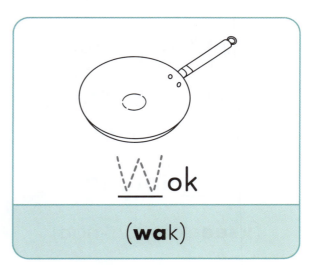

___indsurf

(**wee**nd-soorf)

The Complete Spanish Workbook for Kids • ALPHABET   15

Nombre _____ Fecha _____

Learn the Letters

1. Trace the letter. 2. Say the letter out loud. 3. Fill in the first letter of each word.

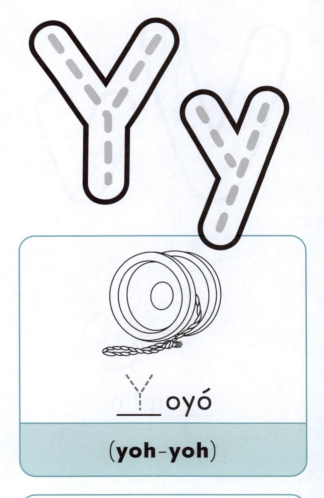

__X__ ilófono

(**ksee**-loh-foh-noh)

__Y__ oyó

(**yoh**-yoh)

Draw a picture of your **favorite instrument**!

___ ogur

(**yoh**-goorr)

16 ALPHABET • The Complete Spanish Workbook for Kids

Nombre _____ Fecha _____

Learn the Letters

1. Trace the letter. 2. Say the letter out loud. 3. Fill in the first letter of each word.

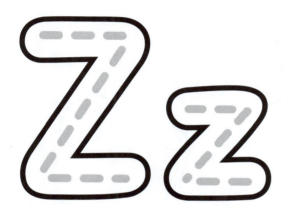

Sing the ABCs!

Try singing the abecedario to the tune of **Twinkle, Twinkle, Little Star**!

ah beh seh deh
eh eh-feh heh

ah-cheh ee hoh-tah
kah eh-leh eh-meh
en-neh

en-nyeh oh peh koo
eh-rreh eh-seh teh

oo beh doh-bleh-oo
eh-kees ee gryeh-gah
seh-tah

__ orro

(**soh**-rroh)

___ anahoria

(**sah**-nah-oh-ryah)

The Complete Spanish Workbook for Kids • ALPHABET   17

Nombre _____ Fecha _____

Vowels → Vocales

1. Trace each **vocal**. 2. Match each item to the correct beginning letter.

Elefante

Oso

Uvas

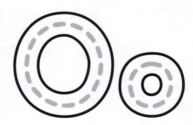

Arbol

Imán

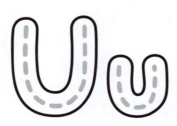

18 **ALPHABET** · The Complete Spanish Workbook for Kids

Nombre _____ Fecha _____

Vowels

1. Write a Spanish word that begins with each vowel sound. 2. Draw a picture!

A _____

E _____

I _____

O _____

U _____

The Complete Spanish Workbook for Kids • **ALPHABET**   **19**

Nombre _____   Fecha _____

Special Spanish Sounds

1. Learn about each sound. 2. Trace the letter combination. 2. Say the sound out loud.

The letter combination **ch** (cheh), makes the same sound in Spanish as it does in English, like in the word **cheese**.

"cheh"

"eh-yeh"

When two Ls are together in the combination **ll** (eh-yeh), they make the sound of an English Y sound "yuh."

The letter combination **rr** (ERR-eh) makes the rolled R sound. This sound takes lots of practice to learn!

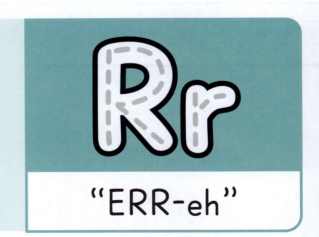
"ERR-eh"

20 ALPHABET • The Complete Spanish Workbook for Kids

Nombre _____   Fecha _____

Special Spanish Sounds

1. Fill in the missing letters. 2. Practice saying the words out loud.

Ch

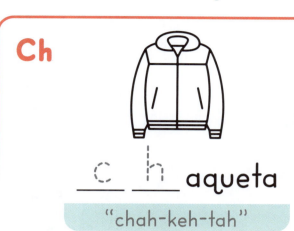
_c_ _h_ aqueta
"chah-keh-tah"

___ ___ ocolate
"choh-koh-lah-teh"

Ll

_l_ _l_ ave
"yah-beh"

o ___ ___ a
"oy-yah"

Rr

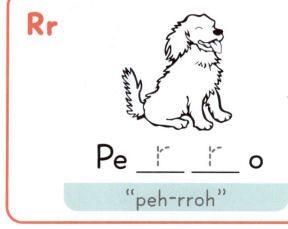
Pe _r_ _r_ o
"peh-rroh"

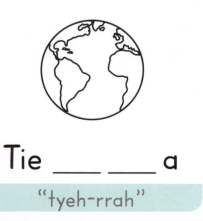
Tie ___ ___ a
"tyeh-rrah"

Nombre _____ Fecha _____

First Letter Match

1. Draw a line to match each word to its first letter. 2. Color the items.

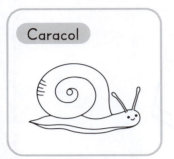 Caracol

 Dinosaurio

 Ballena

 Amigo

 Estrella

A
B
C
D
E

 Arbol

 Elefante

 Delfín

 Cactus

 Bebé

22 ALPHABET • The Complete Spanish Workbook for Kids

Nombre _____   Fecha _____

First Letter Match

1. Draw a line to match each word to its first letter. 2. Color the items.

Imán
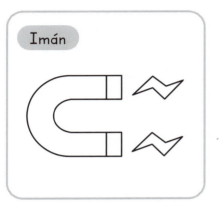

F

Gallina

Guitarra

G

Huevo
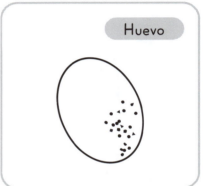

Flor

H

Iguana

Hacha

I

Falda

The Complete Spanish Workbook for Kids • ALPHABET

Nombre _____ Fecha _____

First Letter Match

1. Draw a line to match each word to its first letter. 2. Color the items.

Kimono

León

J

Jaula

 K

Manzana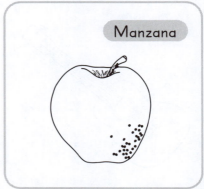

Mono

 L

Kiwi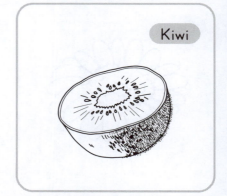

Langosta

 M

Jirafa

24   ALPHABET • The Complete Spanish Workbook for Kids

Nombre _____ Fecha _____

First Letter Match

1. Draw a line to match each word to its first letter. 2. Color the items.

Pingüino

N

Ñame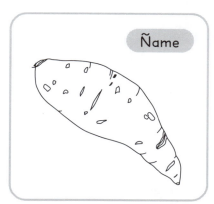

Oso

Ñ

Oreja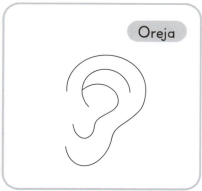

Nariz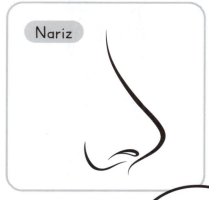

O

Pulpo

Hint: try matching the Ñ first!

P

Niño

The Complete Spanish Workbook for Kids • ALPHABET

Nombre _____ Fecha _____

First Letter Match

1. Draw a line to match each word to its first letter. 2. Color the items.

Sol

Q

Unicornio

Tortuga

R

Ropa

Uvas

S

Silla

Queso

T

Tenedor

Reina

U

Uvas

26 ALPHABET • The Complete Spanish Workbook for Kids

Nombre _____ Fecha _____

First Letter Match

1. Draw a line to match each word to its first letter. 2. Color the items.

Yogur

Wok

Vaquero

Zorro

Xilófono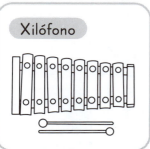

 V

 W

 X

 Y

Z

Violín

Zanahoria

Yoyó

Windsurfing

Zapato

The Complete Spanish Workbook for Kids • **ALPHABET**

Nombre _____ Fecha _____

Choose the Beginning Letter

Circle the correct beginning letter for the item.

X   L   A   T

P   L   E   T

B   C   V   R

I   W   B   E

M   U   N   Q

E   K   Y   G

28 ALPHABET · The Complete Spanish Workbook for Kids

Nombre _____ Fecha _____

Choose the Beginning Letter

Circle the correct beginning letter for the item.

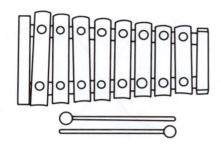

X   J   A   Z

T   K   G   J

R   F   Ñ   A

S   P   I   L

V   E   B   Y

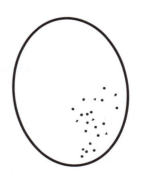
T   J   H   U

The Complete Spanish Workbook for Kids • ALPHABET   29

Nombre _____ Fecha _____

Write the ABCs

Can you write the Spanish alphabet from memory? Don't forget the Ñ!

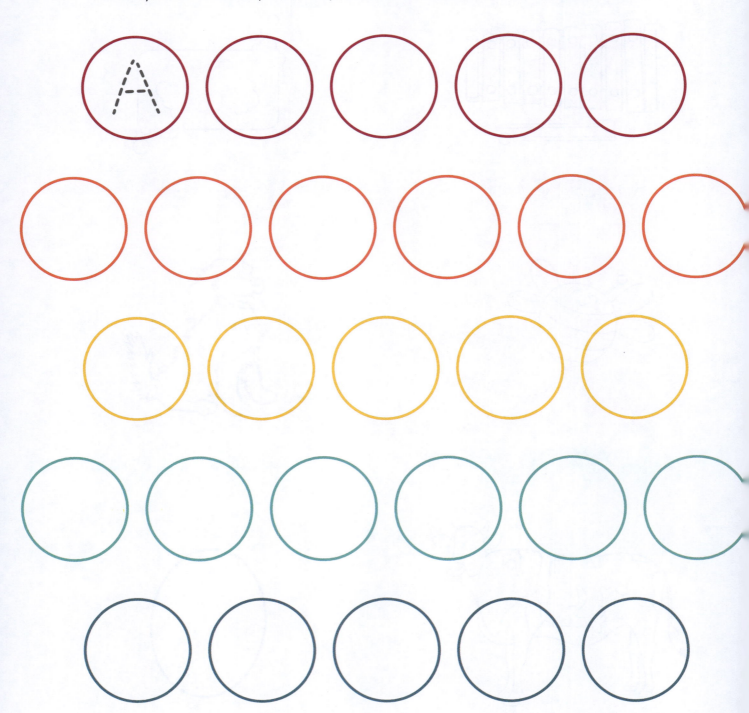

Nombre _____ Fecha _____

Vocabulary Review

Connect each Spanish word to the correct English word.

Abeja	Apple
Caracol	Bee
Estrella	Egg
Flor	Flower
Huevo	Fox
Imán	Magnet
Manzana	Penguin
Pingüino	Queen
Reina	Snail
Sol	Star
Zorro	Sun

My favorite Spanish word is:

_____

You learned **eighty** new Spanish words in this section!

The Complete Spanish Workbook for Kids • ALPHABET   31

Nombre _____ Fecha _____

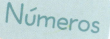

Numbers 0 to 10

Color the numbers.

cero   uno   dos   tres

cuatro   cinco   seis   siete

ocho   nueve   diez

32 NUMBERS • The Complete Spanish Workbook for Kids

Nombre _____ Fecha _____

Numbers 11 to 20

Color the numbers.

Nombre _____ Fecha _____

Counting by Tens

1. Read the numbers. 2. Draw a line connecting the numbers in the correct order.

- 10 diez
- 20 veinte
- 30 treinta
- 40 cuarenta
- 50 cincuenta
- 60 sesenta
- 70 setenta
- 80 ochenta
- 90 noventa
- 100 cien

Nombre _____ Fecha _____

Pronunciation Practice

1. Color the names of the numbers. 2. Practice saying the numbers out loud.

1	UNO	"oo-noh"
2	DOS	"dohs"
3	TRES	"trehs"
4	CUATRO	"kwah-troh"
5	CINCO	"seeng-koh"
6	SEIS	"seys"
7	SIETE	"syeh-teh"
8	OCHO	"oh-choh"
9	NUEVE	"nweh-beh"
10	DIEZ	"dyehs"

Which number is your favorite to say?

The Complete Spanish Workbook for Kids • NUMBERS   35

Nombre _____   Fecha _____

Trace the numbers and words.
Rastrea los números y las palabras.

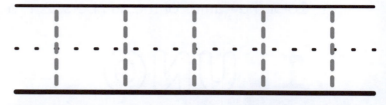

Circle the **uno**.
Encuentra el número uno.

diez   ocho
uno   cuatro

Write the numbers **before and after 1**.
Escriba los números antes y después de 1.

Add the numbers.
Suma los números.

0 + 1 = _____

Colorea the **1s**.
Colorea los 1s.

Color **one bee**.
Colorea una abeja.

How many **1s** are there?
¿Cuántos 1 hay? _____

36 NUMBERS • The Complete Spanish Workbook for Kids

Nombre _____ Fecha _____

Trace the numbers and words.
Rastrea los números y las palabras.

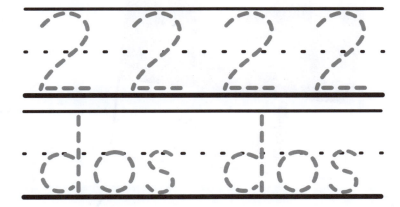

Circle the **dos**.
Encuentra el número dos.

uno   diez
cinco   dos

Write the numbers **before and after 2**.
Escriba los números antes y después de 2.

antes   después de

Add the numbers.
Suma los números.

1 + 1 = _____

Color the **2s**.
Colorea los 2s.

Color **two octopuses**.
Colorea dos pulpos.

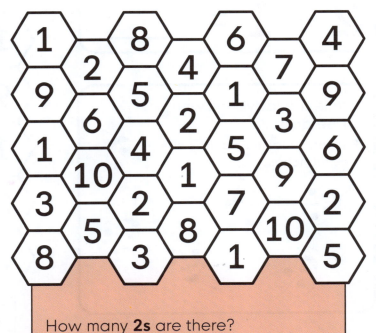

How many **2s** are there?
¿Cuántos 2 hay? _____

The Complete Spanish Workbook for Kids • NUMBERS

Nombre _____   Fecha _____

Trace the numbers and words.
Rastrea los números y las palabras.

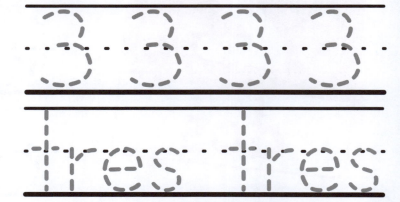

Circle the **tres**.
Encuentra el número tres.

ocho   seis
tres   nueve

Write the numbers **before and after 3**.
Escriba los números antes y después de 3.

Add the numbers.
Suma los números.

2 + 1 = _____

Color the **3s**.
Colorea los 3s.

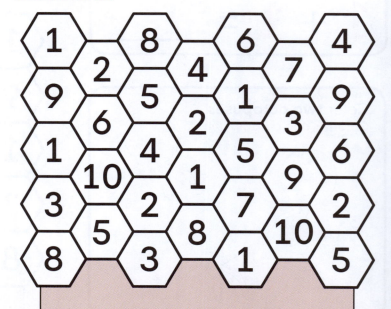

How many **3s** are there?
¿Cuántos 3 hay? _____

Circle the ladybugs with **three dots**.
Encuentra las mariquitas con tres manchas.

38 NUMBERS • The Complete Spanish Workbook for Kids

Nombre _____ Fecha _____

Trace the numbers and words.
Rastrea los números y las palabras.

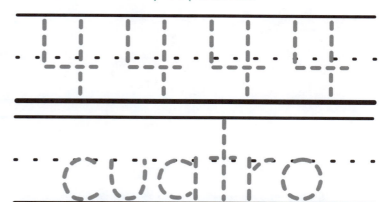

Circle the **cuatro**.
Encuentra el número cuatro.

cuatro   uno
ocho   siete

Write the numbers **before and after 4**.
Escriba los números antes y después de 4.

antes   después de

Add the numbers.
Suma los números.

2 + 2 = _____

Color the **4s**.
Colorea los 4s.

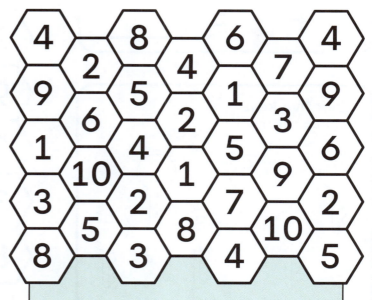

Color **four balls**.
Colorea cuatro pelotas.

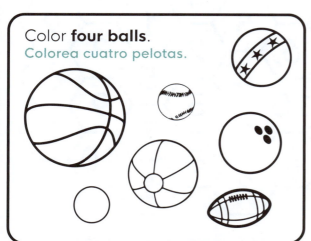

How many **4s** are there?
¿Cuántos 4 hay? _____

The Complete Spanish Workbook for Kids • NUMBERS   39

Nombre _____ Fecha _____

Trace the numbers and words.
Rastrea los números y las palabras.

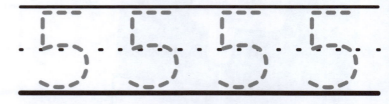

Circle the **cinco**.
Encuentra el número cinco.

cinco   uno
dos   ocho

Write the numbers **before and after 5**.
Escriba los números antes y después de 5.

Add the numbers.
Suma los números.

4 + 1 = _____

Color the **5s**.
Colorea los 5s.

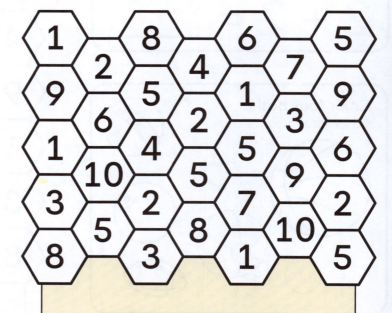

How many **5s** are there?
¿Cuántos 5 hay? _____

Color **five keys**.
Colorea cinco llaves.

40 **NUMBERS** • The Complete Spanish Workbook for Kids

Nombre _____ Fecha _____

Trace the numbers and words.
Rastrea los números y las palabras.

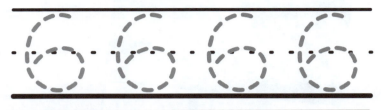

Circle the **seis**.
Encuentra el número seis.

nueve   uno
seis   siete

Write the numbers **before and after 6**.
Escriba los números antes y después de 6.

antes   después de

Add the numbers.
Suma los números.

3 + 3 = _____

Color the **6s**.
Colorea los 6s.

How many **6s** are there?
¿Cuántos 6 hay? _____

Circle the dice with **six dots**.
Encuentra los dados con seis manchas.

The Complete Spanish Workbook for Kids • NUMBERS

Nombre _____ Fecha _____

Trace the numbers and words.
Rastrea los números y las palabras.

7 7 7 7

siete

Circle the **siete**.
Encuentra el número siete.

ocho nueve
uno siete

Write the numbers **before and after 7**.
Escriba los números antes y después de 7.

____ antes   7   ____ después de

Add the numbers.
Suma los números.

4 + 3 = ____

Color the **7s**.
Colorea los 7s.

Draw **seven spots** on the dalmation.
Dibuja siete puntos en la dálmata.

How many **7s** are there?
¿Cuántos 7 hay? ____

42 NUMBERS • The Complete Spanish Workbook for Kids

Nombre _____   Fecha _____

Trace the numbers and words.
Rastrea los números y las palabras.

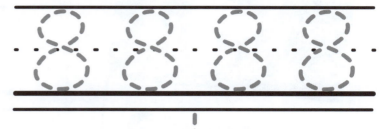

Circle the **ocho**.
Encuentra el número ocho.

dos   uno
ocho   cuatro

Write the numbers **before and after 8**.
Escriba los números antes y después de 8.

antes   después de

Add the numbers.
Suma los números.

6 + 2 = _____

Color the **8s**.
Colorea los 8s.

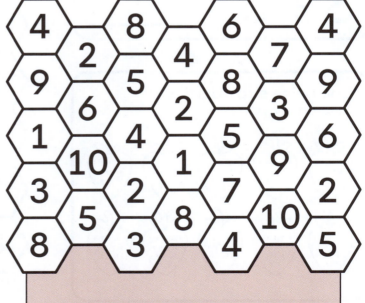

Color **eight stars**.
Colorea ocho estrellas.

How many **8s** are there?
¿Cuántos 8 hay? _____

The Complete Spanish Workbook for Kids • NUMBERS   43

Nombre _____ Fecha _____

Trace the numbers and words.
Rastrea los números y las palabras.

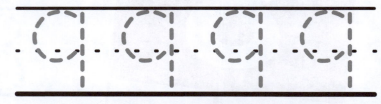

Circle the **nueve**.
Encuentra el número nueve.

ocho seis
tres nueve

Write the numbers **before and after 9**.
Escriba los números antes y después de 9.

Add the numbers.
Suma los números.

3 + 6 = _____

Color the **9s**.
Colorea los 9s.

Color **nine strawberries**.
Colorea nueve fresas.

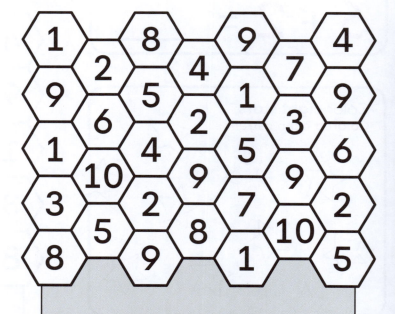

How many **9s** are there?
¿Cuántos 9 hay? _____

44 NUMBERS • The Complete Spanish Workbook for Kids

Nombre _____   Fecha _____

Trace the numbers and words.
Rastrea los números y las palabras.

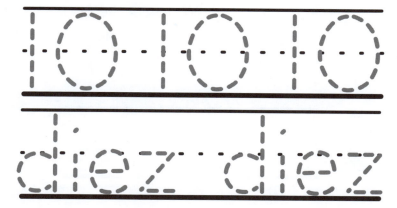

Circle the **diez**.
Encuentra el número diez.

diez   uno
siete   cinco

Write the numbers **before and after 10**.
Escriba los números antes y después de 10.

Add the numbers.
Suma los números.

5 + 5 = _____

Color the **10s**.
Colorea los 10s.

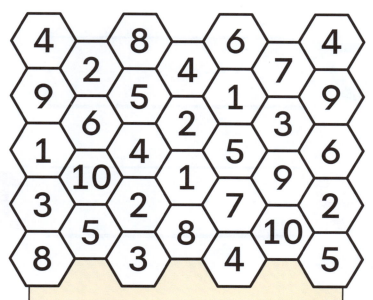

Draw **ten stripes** on the tiger.
Dibuja diez rayas en el tigre.

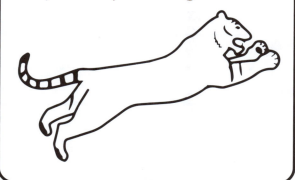

How many **10s** are there?
¿Cuántos 10 hay? _____

The Complete Spanish Workbook for Kids • NUMBERS   45

Nombre _____ Fecha _____

Write the Numbers

1. Write out the Spanish name of each number.
2. Circle the name with the most letters.

1 _____

2 _____

3 _____

4 _____

5 _____

6 _____

7 _____

8 _____

9 _____

10 _____

46   **NUMBERS**   •   The Complete Spanish Workbook for Kids

Nombre _____ Fecha _____

Number Match

Match the numbers to their Spanish names.

1	Cinco	11	Catorce
2	Cuatro	12	Diecisiete
3	Diez	13	Diecinueve
4	Dos	14	Dieciocho
5	Nueve	15	Dieciséis
6	Ocho	16	Doce
7	Seis	17	Once
8	Siete	18	Quince
9	Tres	19	Trece
10	Uno	20	Veinte

The Complete Spanish Workbook for Kids • NUMBERS

Nombre _____ Fecha _____

How Many?   ¿Cuántos?

1. Circle the correct number of candles on each cake. 2. Color the cakes!

ocho   tres   nueve

uno   seis   cuatro

siete   dos   diez

tres   uno   cinco

Nombre _____ Fecha _____

How Many?

1. Circle the correct number of each item. 2. Color the items!

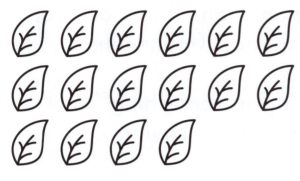
once   diecinueve   dieciséis

trece   diecesiete   diez

doce   quince   veinte

diez   quince   veinte

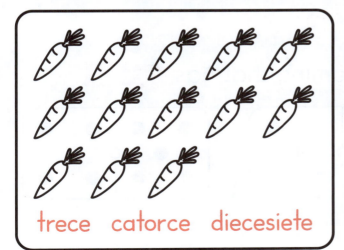
trece   catorce   diecesiete

catorce   dieciocho   once

The Complete Spanish Workbook for Kids • NUMBERS   49

Nombre _____ Fecha _____

More or Less

The Spanish word for **more** is **más** (mahs) and the word for **less** is **menos** (meh-nohs).

Try asking if something has more or less by saying...

¿Más o menos?
(mahs oh meh-nohs)

*Practice saying **más o menos** out loud!*

Circle the side of the domino that has **más**.

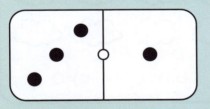 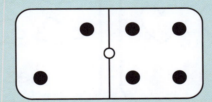 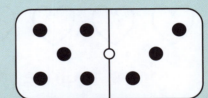

Circle the side of the domino that has **menos**.

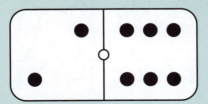 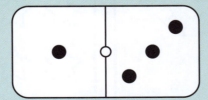 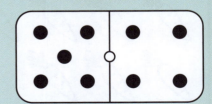

Nombre _____   Fecha _____

More or Less

1. Count the items. 2. Match the group with more items to **más**. Match the group with less items to **menos**.

más

menos

más

menos

más

menos

The Complete Spanish Workbook for Kids • NUMBERS

Nombre _____ Fecha _____

More or Less

1. Compare the numbers. 2. Circle the word to complete each sentence correctly.

8 is | más / menos | than 2.

6 is | más / menos | than 3.

1 is | más / menos | than 4.

10 is | más / menos | than 5.

3 is | más / menos | than 7.

Nombre _____ Fecha _____

More or Less

Write "más" or "menos" to complete each sentence correctly.

Cinco es ___más___ de tres.

Dos es _____ de nueve.

Siete es _____ de uno.

Cuatro es ___menos___ de diez.

Ocho es _____ de dos.

Diez es _____ de seis.

Uno es _____ de cuatro.

Nombre _____ Fecha _____

Read and Draw

Draw the number of items in each sentence.

Draw **siete estrellas**.

Draw **cuatro dados**.

Draw **seis fresas**.

Draw **tres nubes**.

Nombre _____   Fecha _____

Vocabulary Review

The name of my favorite Spanish number is:

_____

I really like to say this Spanish number out loud:

_____

I am this many years old in Spanish:

_____

Connect each Spanish word to the correct English word.

Cero	Eight
Cinco	Five
Cuatro	Four
Dos	Less
Más	More
Menos	Nine
Nueve	Number
Número	One
Ocho	Seven
Seis	Six
Siete	Three
Tres	Two
Uno	Zero

You learned **forty-two** new Spanish words in this section!

The Complete Spanish Workbook for Kids • NUMBERS   55

Nombre _____ Fecha _____

Learn the Colors

1. Practice saying each color out loud. 2. Circle your favorite color.

The Spanish name of my favorite color is: _____

Nombre _____   Fecha _____

Color the Crayons

Color the crayons according to their labels.

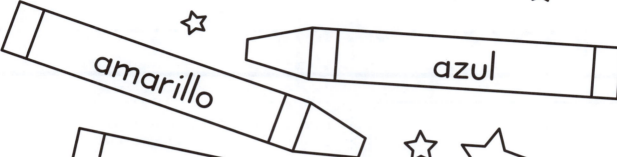

The Complete Spanish Workbook for Kids • COLORS   57

Nombre _____   Fecha _____

ROJO

rojo rojo rojo

Practice pronouncing the color.
Practica decir el color.

"rroh-hoh"

How many letters are in the word rojo?
¿Cuántas letras hay en la palabra rojo?

Find and circle the word rojo.
Encuentra y rodea la palabra rojo.

amarillo rojo azul

rojo anaranjado verde

azul morado blanco

negro rojo rosado

Color the things that are rojo.
Colorea las cosas que son rojo.

What else can you draw that is rojo?
¿Qué más puedes dibujar que sea rojo?

58   COLORS • The Complete Spanish Workbook for Kids

Nombre _____   Fecha _____

ANARANJADO

anaranjado

Practice pronouncing the color.
Practica decir el color.

"ah-nah-rahn-hah-doh"

How many letters are in the word anaranjado?
¿Cuántas letras hay en la palabra anaranjado?

Find and circle the word anaranjado.
Encuentra y rodea la palabra naranja.

anaranjado blanco azul

rosado negro amarillo

morado anaranjado rojo

anaranjado rojo verde

Color the things that are anaranjado.
Colorea las cosas que son anaranjado.

What else can you draw that is anaranjado?
¿Qué más puedes dibujar que sea anaranjado?

The Complete Spanish Workbook for Kids • COLORS

Nombre _____   Fecha _____

amarillo amarillo

Practice pronouncing the color.
Practica decir el color.

"ah-mah-ree-yoh"

How many letters are in the word amarillo?
¿Cuántas letras hay en la palabra amarillo?

Find and circle the word amarillo.
Encuentra y rodea la palabra amarillo.

amarillo azul negro
verde anaranjado amarillo
azul amarillo blanco
morado rojo rosado

Color the things that are amarillo.
Colorea las cosas que son amarillo.

What else can you draw that is amarillo?
¿Qué más puedes dibujar que sea rojo?

60 COLORS • The Complete Spanish Workbook for Kids

Nombre _____ Fecha _____

VERDE

verde verde verde

Practice pronouncing the color.
Practica decir el color.

"behr-deh"

How many letters are in the word verde?
¿Cuántas letras hay en la palabra verde?

Circle the verdes.
Dibuje un círculo alrededor verdes.

anaranjado blanco verde

verde negro amarillo

morado azul roja

rosado rojo verde

Color the things that are verde.
Colorea las cosas que son verde.

What else can you draw that is verde?
¿Qué más puedes dibujar que sea verde?

The Complete Spanish Workbook for Kids • COLORS

Nombre _____   Fecha _____

azul azul azul

Practice pronouncing the color.
Practica decir el color.

"ah-sool"

How many letters are in the word azul?
¿Cuántas letras hay en la palabra azul?

Find and circle the word azul.
Encuentra y rodea la palabra azul.

amarillo anaranjado azul

morado azul verde

azul morado blanco

negro azul rosado

Color the things that are azul.
Colorea las cosas que son azul.

What else can you draw that is azul?
¿Qué más puedes dibujar que sea azul?

62   COLORS • The Complete Spanish Workbook for Kids

Nombre _____   Fecha _____

MORADO

morado morado

Practice pronouncing the color.
Practica decir el color.

"moh-rah-doh"

How many letters are in the word morado?
¿Cuántas letras hay en la palabra morado?

Find and circle the word morado.
Encuentra y rodea la palabra morado.

verde morado azul

rosado negro amarillo

morado blanco rojo

anaranjado azul morado

Color the things that are morado.
Colorea las cosas que son morado.

What else can you draw that is morado?
¿Qué más puedes dibujar que sea morado?

The Complete Spanish Workbook for Kids • COLORS

Nombre _____   Fecha _____

r o s a d o   r o s a d o

Practice pronouncing the color.
Practica decir el color.

"rroh-sah-doh"

How many letters are in the word rosado?
¿Cuántas letras hay en la palabra rosado?

Find and circle the word rosado.
Encuentra y rodea la palabra rosado.

rosado azul negro
verde anaranjado azul
amarillo rosado blanco
morado rojo rosado

Color the things that are rosado.
Colorea las cosas que son rosado.

What else can you draw that is rosado?
¿Qué más puedes dibujar que sea rosado?

64   COLORS • The Complete Spanish Workbook for Kids

Nombre _____ Fecha _____

NEGRO

negro negro

Practice pronouncing the color.
Practica decir el color.

"neh-groh"

How many letters are in the word negro?
¿Cuántas letras hay en la palabra negro?

Find and circle the word negro.
Encuentra y rodea la palabra negro.

anaranjado blanco negro

verde negro amarillo

morado azul rojo

rosado rojo negro

Color the things that are negro.
Colorea las cosas que son negro.

What else can you draw that is negro?
¿Qué más puedes dibujar que sea negro?

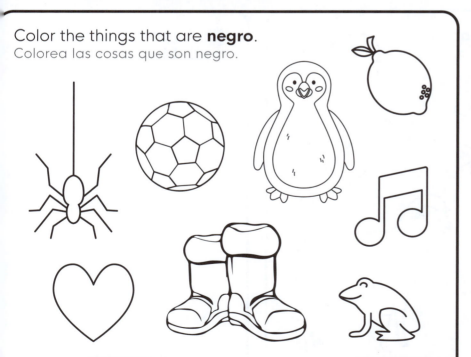

The Complete Spanish Workbook for Kids • COLORS

Nombre _____ Fecha _____

blanco blanco

Practice pronouncing the color.
Practica decir el color.

"blahn-koh"

How many letters are in the word blanco?
¿Cuántas letras hay en la palabra blanco?

Find and circle the word blanco.
Encuentra y rodea la palabra blanco.

rosa azul blanco

blanco anaranjado verde

azul rosado blanco

blanco rojo amarillo

Color the things that are not blanco.
Colorea las cosas que no son blanco.

What else can you draw that is blanco?
¿Qué más puedes dibujar que sea blanco?

66 COLORS • The Complete Spanish Workbook for Kids

Nombre _____ Fecha _____

Color the Rainbow

Color each stripe of the rainbow according to its name!

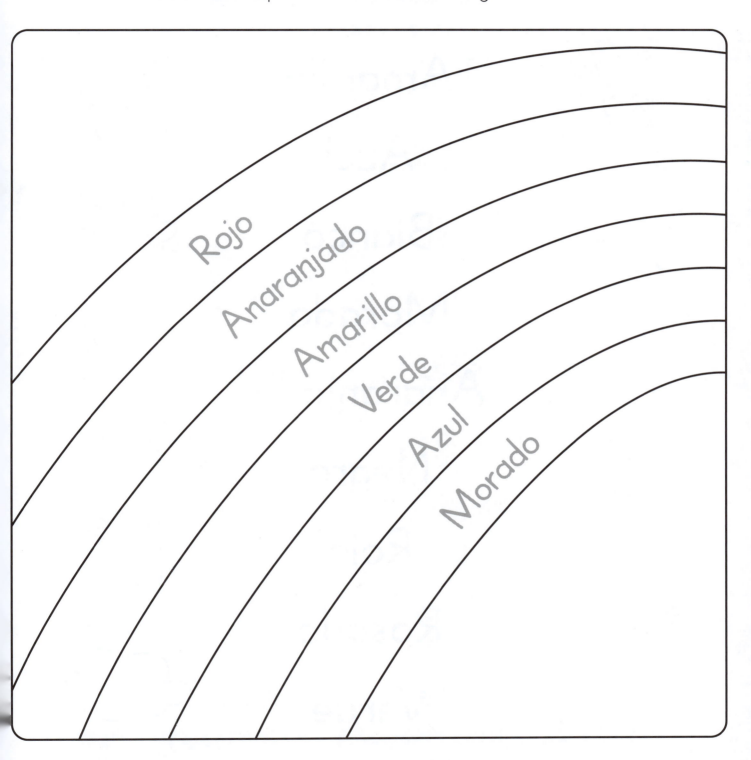

The Complete Spanish Workbook for Kids • **COLORS**

Nombre _____ Fecha _____

Match the Objects

1. Color each object. 2. Draw aline from each object to its correct color.

Amarillo

Azul

 # Blanco

Morado

Anaranjado

Negro

Rojo

Rosado

 # Verde

68 COLORS • The Complete Spanish Workbook for Kids

Nombre _____ Fecha _____

Color by Number

Color the squares according to the key to reveal a secret message!

What's a cat's favorite color?

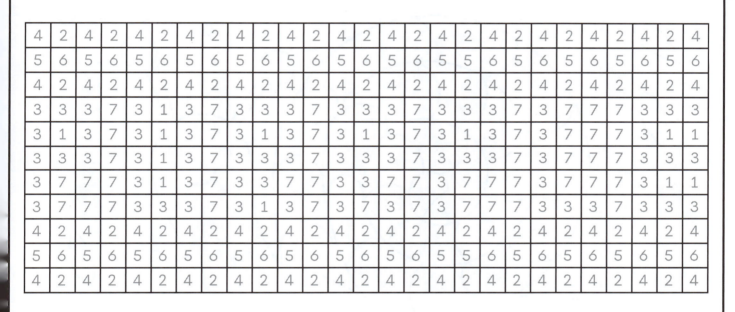

1 - Amarillo **2** - Azul **3** - Morado **4** - Anaranjado **5** - Rojo **6** - Rosado **7** - Verde

The Complete Spanish Workbook for Kids • COLORS   69

Nombre _____ Fecha _____

Color by Number

1 - Amarillo **2** - Azul **3** - Morado **4** - Anaranjado **5** - Rojo **6** - Rosado **7** - Verde

Nombre _____ Fecha _____

Color by Number

1 - Amarillo **2** - Azul **3** - Morado **4** - Anaranjado
5 - Rojo **6** - Rosado **7** - Verde **8** - Negro

Nombre _____ Fecha _____

Let's Draw!

1. Draw a picture using your favorite colors. 2. Label the colors!

Nombre _____ Fecha _____

Vocabulary Review

Connect each Spanish word to the correct English word.

Amarillo	Black
Anaranjado	Blue
Azul	Colors
Blanco	Green
Colores	Orange
Morado	Pink
Negro	Purple
Rojo	Red
Rosado	White
Verde	Yellow

The Spanish name of my favorite color is:

_____

You learned all about **colors** in Spanish!

The Complete Spanish Workbook for Kids • COLORS

Nombre _____ Fecha _____

Learn the Shapes

1. Practice saying each shape out loud. 2. Circle your favorite shape.

CIRCLE

Círculo
(seer-koo-loh)

OVAL

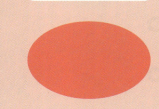

Óvalo
(oh-bah-loh)

TRIANGLE

Triángulo
(tryahng-goo-loh)

SQUARE

Cuadrado
(kwah-drah-doh)

RECTANGLE

Rectángulo
(rrehk-tahng-goo-loh)

PENTAGON

Pentágono
(pehn-tah-goh-noh)

RHOMBUS

Rombo
(rrohm-boh)

HEART

Corazón
(koh-rah-sohn)

STAR

Estrella
(ehs-treh-yah)

The Spanish name of my favorite shape is: _____

Nombre _____ Fecha _____

Learn the Shapes

1. Trace the shapes. 2. Draw lines to match the shapes to their names.

Círculo
Corazón
Cuadrado
Estrella
Óvalo
Pentágono
Rectángulo
Rombo
Triángulo

The Complete Spanish Workbook for Kids • SHAPES   75

Nombre _____ Fecha _____

Color the Shapes

1. Color the **corazón** rojo. 2. Color the **estrellas** amarillo.
3. Color the **rombos** rosado. 4. Color the **cuadrados** verde.
5. Color the **círculos** azul.

76 SHAPES • The Complete Spanish Workbook for Kids

Nombre _____ Fecha _____

How Many?

1. Count each shape. 2. Write the number of each shape on the lines.

Círculos _____   Pentágonos _____

Cuadrados _____   Rombos _____

Estrellas _____   Triángulos _____

Nombre _____   Fecha _____

Shape Maze

Follow the **círculos** to help Pedro reach the rainbow!

Nombre _____ Fecha _____

Shape Search

How many of the each shape do you see?

☐ Círculos   ☐ Estrellas   ☐ Rectángulos   ☐ Triángulos

☐ Cuadrados   ☐ Pentágonos   ☐ Rombos

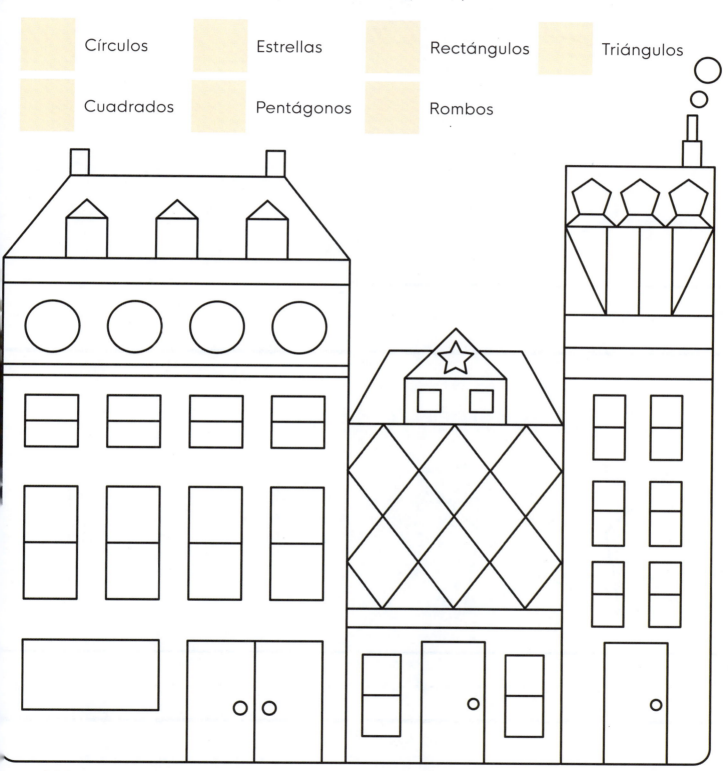

The Complete Spanish Workbook for Kids • SHAPES

Nombre _____ Fecha _____

Write the Name

Write the Spanish name for each shape.

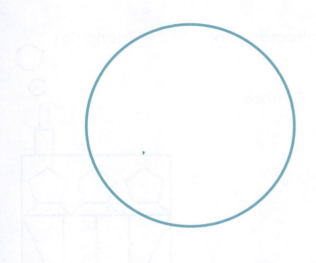
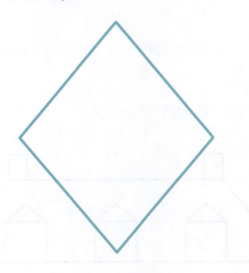

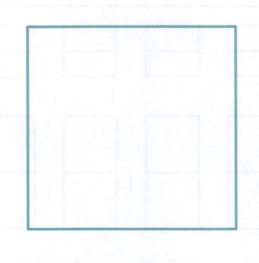

Nombre _____ Fecha _____

Write the Name

Write the Spanish name for each shape.

Nombre _____ Fecha _____

Let's Draw!

1. Draw a picture using as many shapes as you can. 2. Label the shapes!

Nombre _____ Fecha _____

Vocabulary Review

Connect each Spanish word to the correct English word.

Círculo	Circle
Corazón	Heart
Cuadrado	Oval
Estrella	Pentagon
Formas	Rectangle
Óvalo	Rhombus
Pentágono	Shapes
Rectángulo	Square
Rombo	Star
Triángulo	Triangle

You learned all about **shapes** in Spanish!

The Complete Spanish Workbook for Kids • SHAPES   83

Nombre _____ Fecha _____

Same and Different

The Spanish word for **same** is **igual** (ee-gwahl) and the word for **different** is **diferente** (dee-feh-rehn-teh).

Try asking if something is the same or different by saying...

¿Igual o diferente?
(ee-gwahl oh dee-feh-rehn-teh)

Write the missing letters in each word.

igual

	g			l

diferente

| | i | | e | | | n | t | |

Nombre _____ Fecha _____

Same and Different

1. Compare the pictures. 2. Color in the correct word that describes the group.

Nombre _____ Fecha _____

Same and Different

1. Look at the first picture. 2. Circle the pictures in the row that are **igual**.

86 SAME AND DIFFERENT · The Complete Spanish Workbook for Kids

Nombre _____   Fecha _____

Same and Different

1. Label each group with **igual** or **diferente**. 2. Color the pictures.

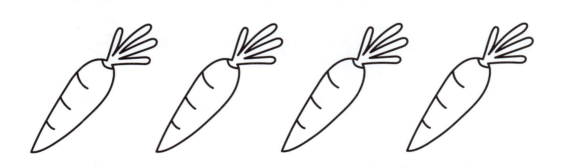

Nombre _____   Fecha _____

Learn About Sizes   *Tamaños*

1. Practice saying each size out loud. 2. Color!

SMALL

Pequeño
(peh-keh-nyoh)

MEDIUM

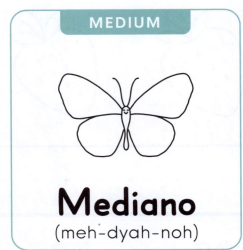

Mediano
(meh-dyah-noh)

LARGE

Grande
(grahn-deh)

SHORT

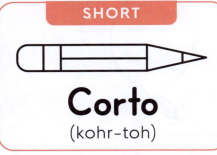

Corto
(kohr-toh)

LONG

Largo
(lahr-goh)

SHORT (STATURE)

Bajo
(bah-hoh)

TALL

Alto
(ahl-toh)

Nombre _____ Fecha _____

Sort the Sizes

Draw lines to sort each bug into the correct sized jar.

| Pequeño | Mediano | Grande |

The Complete Spanish Workbook for Kids • SIZES   **89**

Nombre _____ Fecha _____

Choose the Size

Circle the correct size that describes the colorful picture.

pequeño · grande

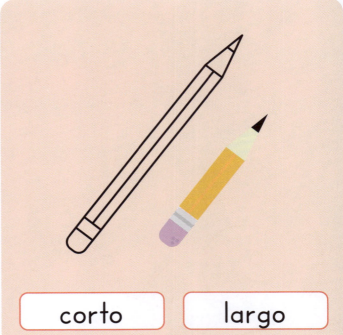

corto · largo

bajo · alto

pequeño · grande

Nombre _____ Fecha _____

Height and Length

1. Draw **corto** hair on the person who is **bajo**. 2. Draw **largo** hair on the person who is **alto**.

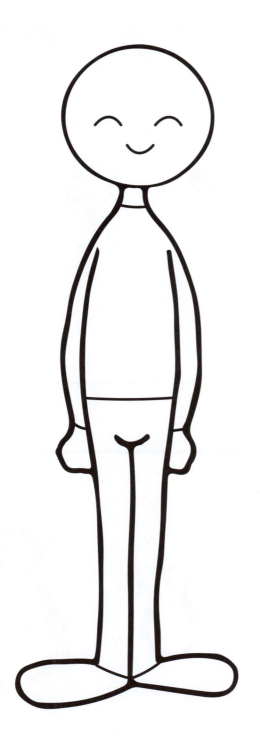

The Complete Spanish Workbook for Kids • SIZES

Nombre _____ Fecha _____

Write the Size

Write the size word that best describes each circled item.

Word Bank: pequeño   mediano   grande

_____
_ _ _ _ _ _ _ _
_____

_____
_ _ _ _ _ _ _ _
_____

_____
_ _ _ _ _ _ _ _
_____

92   SIZES • The Complete Spanish Workbook for Kids

Nombre _____   Fecha _____

Write the Size

Write the size word that best describes each circled item.

Word Bank: corto   largo   bajo   alto

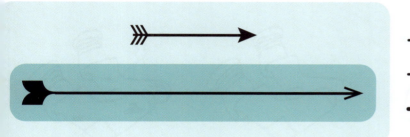

_____

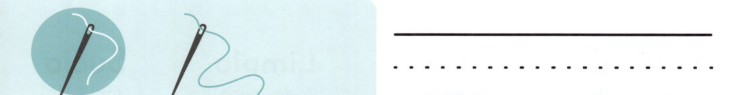

_____

_____

_____

The Complete Spanish Workbook for Kids • **SIZES**   93

Nombre _____   Fecha _____

Learn About Opposites   Opuestos

1. Practice saying each opposite out loud. 2. Color the pictures.

HOT	COLD	CLEAN	DIRTY
		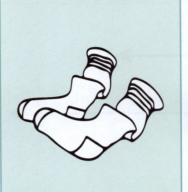	
Caliente (kah-lyehn-teh)	**Frío** (free-oh)	**Limpio** (leem-pyoh)	**Sucio** (soo-syoh)

FAST	SLOW	HAPPY	SAD

Rápido (rrah-pee-doh)	**Lento** (lehn-toh)	**Feliz** (feh-lees)	**Triste** (trees-teh)

94   OPPOSITES • The Complete Spanish Workbook for Kids

Nombre _____ Fecha _____

Learn About Opposites

1. Practice saying each opposite out loud. 2. Color the pictures.

WET — **Mojado** (moh-hah-doh)

DRY — **Seco** (seh-koh)

FULL — **Lleno** (yeh-noh)

EMPTY — **Vacío** (bah-see-oh)

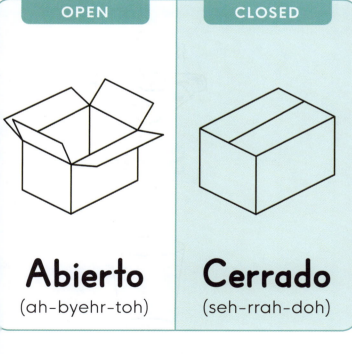

OPEN — **Abierto** (ah-byehr-toh)

CLOSED — **Cerrado** (seh-rrah-doh)

YOUNG — **Joven** (hoh-beh-nehs)

OLD — **Viejo** (byeh-hoh)

The Complete Spanish Workbook for Kids • OPPOSITES   95

Nombre _____   Fecha _____

Match the Opposites

Draw a line matching the opposites.

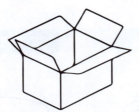
Abierto

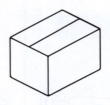
Cerrado

Limpio

Lento

Lleno

Sucio

Rápido

Vacío

Nombre _____   Fecha _____

Choose the Word

Circle the correct word to describe the picture.

mojado   seco

caliente   frío

feliz   triste

joven   viejo

The Complete Spanish Workbook for Kids • **OPPOSITES**   97

Nombre _____ Fecha _____

Write the Opposites

Write the word that best describes each highlighted item.

Word Bank: **abierto   caliente   viejo**

98 OPPOSITES • The Complete Spanish Workbook for Kids

Nombre _____ Fecha _____

Vocabulary Review

Connect each Spanish word to the correct English word.

Alto	Closed
Cerrado	Different
Diferente	Empty
Feliz	Fast
Grande	Happy
Mismo	Large
Mojado	Opposites
Opuestos	Same
Pequeño	Sizes
Rápido	Small
Tamaños	Tall
Vacío	Wet

You learned all about **comparing items** in Spanish!

The Complete Spanish Workbook for Kids • OPPOSITES   99

Nombre _____ Fecha _____

Senses *Sentidos*

1. Practice saying each sense out loud. 2. Trace the words.

SEE  Ver
(behr)

SMELL  Oler
(oh-lehr)

TOUCH  Tocar
(toh-kahr)

HEAR  Oír
(oh-eer)

TASTE  Probar
(proh-bahr)

Nombre _____ Fecha _____

Hear, See, or Both?

Chose the correct sense to complete each sentence. It might be both!

| Oigo | I hear | Veo | I see |

Oigo... Veo...	Oigo... Veo...
 un arcoíris.	 una guitarra.
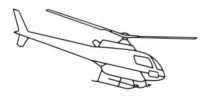 un helicóptero.	 un planeta.
 un cactus.	 un perro.

The Complete Spanish Workbook for Kids • SENSES

Nombre _____ Fecha _____

Smell, Hear, or Both?

Chose the correct sense to complete each sentence. It might be both!

102 SENSES • The Complete Spanish Workbook for Kids

Nombre _____ Fecha _____

Taste, Touch, or Both?

Chose the correct sense to complete each sentence. It might be both!

Nombre _____   Fecha _____

Draw the Senses

Draw something that you...

Oír

Probar

Ver

Tocar

Oler

Nombre _____ Fecha _____

Vocabulary Review

Match each sense to the correct body part.

Oír

Oler

Probar

Tocar

Ver

 You learned all about **your senses** in Spanish!

Nombre _____ Fecha _____

Fruits

1. Color each fruit. 2. Trace the words.

APPLE

Manzana
(mahn-sah-nah)

BANANA

Plátano
(plah-tah-noh)

ORANGE

Naranja
(nah-rahng-hah)

STRAWBERRY

Fresa
(freh-sah)

LEMON

Limón
(lee-mohn)

GRAPES

Uvas
(oo-bahs)

CHERRIES

Cereza
(seh-reh-sah)

WATERMELON

Sandía
(sahn-dee-ah)

TOMATO

Tomate
(toh-mah-teh)

¡Encuentra tu **fruta** favorita!

Circle your favorite fruit!

Nombre _____   Fecha _____

Vegetables

1. Color each vegetable. 2. Trace the words.

¡Encuentra tu **vegetal** favorita!
Circle your favorite vegetable!

CARROT

Zanahoria
(sah-nah-oh-ryah)

BROCCOLI

Brócoli
(broh-koh-lee)

LETTUCE

Lechuga
(leh-choo-gah)

PEAS

Chícharo
(chee-chah-roh)

ZUCCHINI

Calabaza
(kah-lah-bah-sah)

CELERY

Apio
(ah-pyoh)

CUCUMBER

Pepino
(peh-pee-noh)

ONION

Cebolla
(seh-boh-yah)

CORN

Maíz
(mah-ees)

The Complete Spanish Workbook for Kids • FOOD   107

Nombre _____ Fecha _____

Dairy and Meat

1. Color each item. 2. Trace the words.

MILK

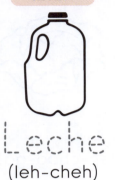

Leche
(leh-cheh)

CHEESE

Queso
(keh-soh)

YOGURT

Yogur
(yoh-goorr)

EGG

Huevo
(weh-boh)

BUTTER

Mantequilla
(mahn-teh-kee-yah)

STEAK

Bistec
(bees-tehk)

CHICKEN

Pollo
(poh-yoh)

FISH

Pescado
(pehs-kah-doh)

Nombre _____   Fecha _____

Grains, Beans, and Pasta

1. Color each item. 2. Trace the words.
3. Draw an arrow pointing to your favorite item in each row!

PASTA

Pasta
(pahs-tah)

BEANS
Frijoles
(free-hoh-lehs)

POTATO

Papa
(pah-pah)

TORTILLA

Tortilla
(tohr-tee-yah)

BREAD

Pan
(pahn)

RICE

Arroz
(ah-rrohs)

The Complete Spanish Workbook for Kids • FOOD   109

Nombre _____ Fecha _____

Dessert

1. Match the dessert to the correct word. 2. Color the pictures.

Chocolate
Chocolate

Dulce
Candy

Galleta
Cookie

Helado
Ice Cream

Paleta
Popsicle

Pastel
Cake

110 · FOOD · The Complete Spanish Workbook for Kids

Nombre _____   Fecha _____

Meals

1. Trace the words. 2. Color the pictures. 3. Circle your favorite food.

Comida
Food / Meal

Desayuno
Breakfast

Almuerzo
Lunch

Cena
Dinner

Postre
Dessert

 Hamburguesa

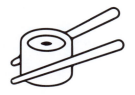 Sushi

 Taco

 Sopa

 Pizza

 Espagueti

The Complete Spanish Workbook for Kids • FOOD

Nombre _____ Fecha _____

Let's Draw!

1. Draw your favorite thing to eat at each meal. 2. Label them!

Mi comida favorita es...

Desayuno

Almuerzo

Cena

Nombre _____ Fecha _____

Vocabulary Review

Connect each Spanish word to the correct English word.

Cena	Apple
Frijoles	Beans
Helado	Bread
Maíz	Carrot
Manzana	Cheese
Pan	Chicken
Pollo	Corn
Postre	Dessert
Queso	Dinner
Zanahoria	Ice Cream

You learned all about **food** in Spanish!

The Complete Spanish Workbook for Kids • FOOD 113

Nombre _____   Fecha _____

 La Granja

The Farm

1. Color each item from the farm. 2. Trace the words.

FARM	FARMER	TRACTOR
 Granja (grahng-hah)	 Granjero (grahng-heh-roh)	 Tractor (trahk-tohr)

TRUCK	GARDEN	SCARECROW
 Camión (kah-myohn)	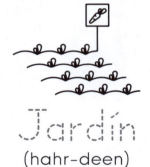 Jardín (hahr-deen)	 Espantapájaros (ehs-pahn-tah-pah-hah-rohs)

STRAW	WELL	SUN
 Paja (pah-hah)	 Pozo (poh-soh)	 Sol (sohl)

114   THE FARM • The Complete Spanish Workbook for Kids

Nombre _____   Fecha _____

Farm Animals

Los animales de la granja

1. Color the farm animals. 2. Trace the words.

CAT

Gato
(gah-toh)

DOG

Perro
(peh-rroh)

COW

Vaca
(bah-kah)

SHEEP

Oveja
(oh-beh-hah)

PIG

Cerdo
(sehr-doh)

HEN

Gallina
(gah-yee-nah)

HORSE

Caballo
(kah-bah-yoh)

ROOSTER

Gallo
(gah-yoh)

DUCK

Pato
(pah-toh)

GOAT

Cabra
(kah-brah)

TURKEY

Pavo
(pah-boh)

MULE

Mula
(moo-lah)

The Complete Spanish Workbook for Kids • THE FARM

Nombre _____ Fecha _____

Choose the Beginning Letter

Circle the correct beginning Letter for each item.

A G S E

G L I P

G F C N

A C E J

L E M S

G V P O

W U C R

S I F P

116 THE FARM • The Complete Spanish Workbook for Kids

Nombre _____ Fecha _____

Word Match

Match each item to its name.

Caballo

Camión

Gallina

Granjero

Mula

Paja

Pato

Pavo

 **Pozo**

Vaca

The Complete Spanish Workbook for Kids • THE FARM

Nombre _____ Fecha _____

Count the Animals
Write the number of each animal in the boxes below.

¿Cuántos animales hay?

How many animals?

☐ Caballos ☐ Gallos

☐ Cabras ☐ Gatos

☐ Cerdos ☐ Patos

☐ Gallinas ☐ Vacas

Nombre _____   Fecha _____

Write the Names

Write the name of each item or animal.

Camión	Pavo	Sol
Pato	Perro	Vaca

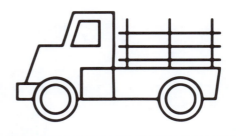

The Complete Spanish Workbook for Kids • THE FARM

Nombre _____ Fecha _____

Let's Draw!

Draw your own farm and label it.

Nombre _____ Fecha _____

Vocabulary Review

Connect each Spanish word to the correct English word.

Camión	Farm
Espantapájaros	Farmer
Granja	Garden
Granjero	Hay
Jardín	Scarecrow
Paja	Sun
Pozo	Tractor
Sol	Truck
Tractor	Well

The Spanish name of my favorite farm animal is:

_____

You learned all about **la granja** in Spanish!

Nombre _____ Fecha _____

Las Estaciones

Color the Seasons

1. Trace the name of each season. 2. Color the scenes.

WINTER

Invierno

SPRING

Primavera

SUMMER

Verano

AUTUMN

Otoño

Nombre _____ Fecha _____

Pronunciation Practice

1. Color the names of the numbers. 2. Practice saying the Spanish words out loud.

> ESTACIÓN: **MORADO**   INVIERNO: **AZUL**   PRIMAVERA: **ROSADO**
> VERANO: **VERDE**   OTOÑO: **ANARANJADO**

ESTACIÓN
"ehs-tah-syohn"

INVIERNO
"een-byehr-noh"

PRIMAVERA
"pree-mah-beh-rah"

VERANO
"beh-rah-noh"

OTOÑO
"oh-toh-nyoh"

The Complete Spanish Workbook for Kids • SEASONS

Nombre _____   Fecha _____

  # Winter Word Search

Search for and circle the hidden words!

```
F J G D E O X T V E
P T L P E N Z N L T
O G W A T R O Z P N
R I F M A E G J K A
R Q Z F L I K R A U
O C W E O V J F D G
G S C V C N P W N B
V Y M E O I V P P X
X Q N I H E S Q U Í
J D M N C R Z N D J
```

 chocolate   guante

 esquí   invierno

 gorro   nieve

124 SEASONS · The Complete Spanish Workbook for Kids

Nombre _____ Fecha _____

Spring Word Search

Search for and circle the hidden words!

```
W Q Q N J Z X H K D
W M K N S H W C F L
R O L F D Q Y J S K
F A I V U L L A O F
Z H S I R Í O C R A
O P R I M A V E R A
I M R K A N P O B X
F B S O C R A H C F
G R C D R P I A H I
J K U B A J E B A Z
```

 abeja  flor

 arcoíris   lluvia

 charco   primavera

Nombre _____   Fecha _____

Summer Word Search

Search for and circle the hidden words!

```
Y D W T T O O S O L D
D O A Z Z N U V Z Q N
A D K S P A A B B V I
Q O N H K R E Y Y E D
Z T R Y A A E Y G C R
T S C A I V A L O L Y
O A M V A E J Q U W P
H P X T H Y C A U M X
O Ñ A B E D E J A R T
P I D M Z E A Y N C V
```

  ola   sol

  pasto   traje de baño

  playa   verano

126   SEASONS • The Complete Spanish Workbook for Kids

Nombre _____   Fecha _____

Fall Word Search

Search for and circle the hidden words!

```
D A J M Y P A V O V
O M J E R N D V P Z
T E Q O Z J U V Q W
N W G F H G R H Q E
E X K Z P Z M K N F
I R A S T R I L L O
V P L N Y O K A J T
N Q W D D E Z M P O
E B U F A N D A D Ñ
L S G E U Y Y L H O
```

 bufanda   pavo

 hoja    rastrillo

 otoño    viento

The Complete Spanish Workbook for Kids • SEASONS   127

Nombre _____   Fecha _____

What's the Weather Like?

¿Cómo es el clima?

Circle the correct **estación** for each kind of weather.

Viento

otoño   verano

Lluvia

invierno   primavera

Nieve

verano   invierno

Sol

verano   otoño

Nombre _____ Fecha _____

Dressing for the Season

Draw clothes and supplies to help each child get ready for their **estación**.

Invierno

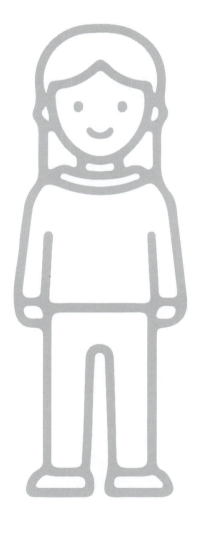

Verano

Nombre _____ Fecha _____

Let's Draw!

Draw and label a picture of your favorite season.

Nombre _____ Fecha _____

Vocabulary Review

Connect each Spanish word to the correct English word.

Charco	Autumn
Estación	Beach
Hoja	Leaf
Invierno	Puddle
Lluvia	Rain
Otoño	Season
Playa	Spring
Primavera	Summer
Verano	Wind
Viento	Winter

You learned all about **seasons** in Spanish!

The Complete Spanish Workbook for Kids • SEASONS   131

Nombre _____ Fecha _____

Clothing

La Ropa

1. Color each item of clothing. 2. Trace the words.

SHIRT	BLOUSE	SWEATER
 Camisa (kah-mee-sah)	 Blusa (bloo-sah)	 Suéter (sweh-tehr)

JACKET	PANTS	SHORTS
 Chaqueta (chah-keh-tah)	 Pantalón (pahn-tah-lohn)	 Short (shohr)

SKIRT	DRESS	SOCK
 Falda (fahl-dah)	 Vestido (behs-tee-doh)	 Calcetín (kahl-seh-teen)

132   CLOTHING • The Complete Spanish Workbook for Kids

Nombre _____   Fecha _____

Clothing

1. Color each item of clothing. 2. Trace the words.

COAT	SCARF	GLOVE
 Abrigo (ah-bree-goh)	 Bufanda (boo-fahn-dah)	 Guante (gwahn-teh)

WINTER HAT	CAP	HAT
 Gorro (goh-rroh)	 Gorra (goh-rrah)	 Sombrero (sohm-breh-roh)

SWIMSUIT	SANDAL	SHOE
 Traje de baño (trah-heh deh bah-nyoh)	 Chancla (chahng-klah)	 Zapato (sah-pah-toh)

The Complete Spanish Workbook for Kids • CLOTHING

Nombre _____ Fecha _____

Fill in the Missing Vowels

Fill in the missing vowels for each item.

 p __ nt __ l __ n

 v __ st __ d __

 ch __ q __ __ t __

 s __ mbr __ r __

 tr __ j __ d __ b __ ñ __

¿Cuántos **lentes** hay?

How many pairs of glasses?

134   CLOTHING • The Complete Spanish Workbook for Kids

Nombre _____ Fecha _____

Label the Clothes

1. Write the Spanish name of each item on the lines. 2. Color the girl!

Abrigo   Gorro
Bufanda Guantes
Falda

1 _____

2 _____

3 _____

4 _____

5 _____

¿Cuántos **botones** hay?

How many buttons?

The Complete Spanish Workbook for Kids • CLOTHING

Nombre _____ Fecha _____

Let's Draw!

Draw the items on the paper dolls.

las muñecas de papel

Camisa

Short

Suéter

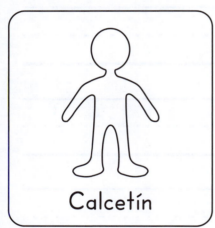
Calcetín

Pantalón

Traje de baño

Guante

Vestido

Gorra

Nombre _____ Fecha _____

Vocabulary Review

Draw a picture of **YOU** wearing your favorite items of clothing. Try to label them!

You learned all about **clothing** in Spanish!

The Complete Spanish Workbook for Kids • CLOTHING   137

Nombre _____ Fecha _____

All About the Face

1. Color each part of the face. 2. Trace the words.

FACE	EYE	NOSE
 Cara (kah-rah)	 Ojo (oh-hoh)	 Nariz (nah-rees)

MOUTH	EAR	TONGUE
 Boca (boh-kah)	 Oreja (oh-reh-hah)	 Lengua (lehng-gwah)

CHIN	EYEBROW	TEETH
 Barbilla (bahr-bee-yah)	 Ceja (seh-hah)	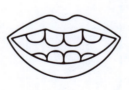 Dientes (dyehn-tehs)

FACE AND BODY • The Complete Spanish Workbook for Kids

Nombre _____ Fecha _____

All About the Body

1. Trace the words. 2. Color the body.

HEAD
Cabeza
(kah-beh-sah)

FINGER
Dedo
(deh-doh)

HAND
Mano
(mah-noh)

CHEST
Pecho
(peh-choh)

BELLY
Barriga
(bah-rree-gah)

LEG
Pierna
(pyehr-nah)

FOOT
Pie
(pyeh)

HAIR
Pelo
(peh-loh)

NECK
Cuello
(kweh-yoh)

SHOULDER
Hombro
(ohm-broh)

ELBOW
Codo
(koh-doh)

ARM
Brazo
(brrah-soh)

KNEE
Rodilla
(rroh-dee-yah)

BACK
Espalda
(ehs-pahl-dah)

The Complete Spanish Workbook for Kids • FACE AND BODY   139

Nombre _____ Fecha _____

Match the Body Parts

1. Match the body part to the correct word. 2. Color the pictures.

Boca
Mouth

Brazo
Arm

Mano
Hand

Ojo
Eye

Oreja
Ear

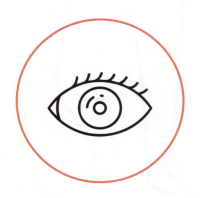

Pie
Foot

Nombre _____ Fecha _____

Choose the Beginning Letter

Circle the correct beginning letter for each body part.

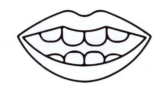

A G D E

H L I P

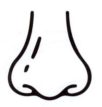

G F C N

A C E H

B E M S

G L P O

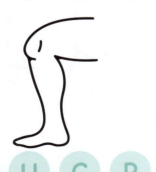

W U C P

S I D H

The Complete Spanish Workbook for Kids • FACE AND BODY   **141**

Nombre _____ Fecha _____

Label the Face

Use the words from the key to label the face.

Barbilla	Nariz
Boca	Ojo
Ceja	Oreja
Dientes	Pelo

1. _____
2. _____
3. _____
4. _____
5. _____
6. _____
7. _____
8. _____

142   FACE AND BODY • The Complete Spanish Workbook for Kids

Nombre _____   Fecha _____

Memory Game

1. Cut out the cards. 2. Flip them over and search for matching pairs one by one.

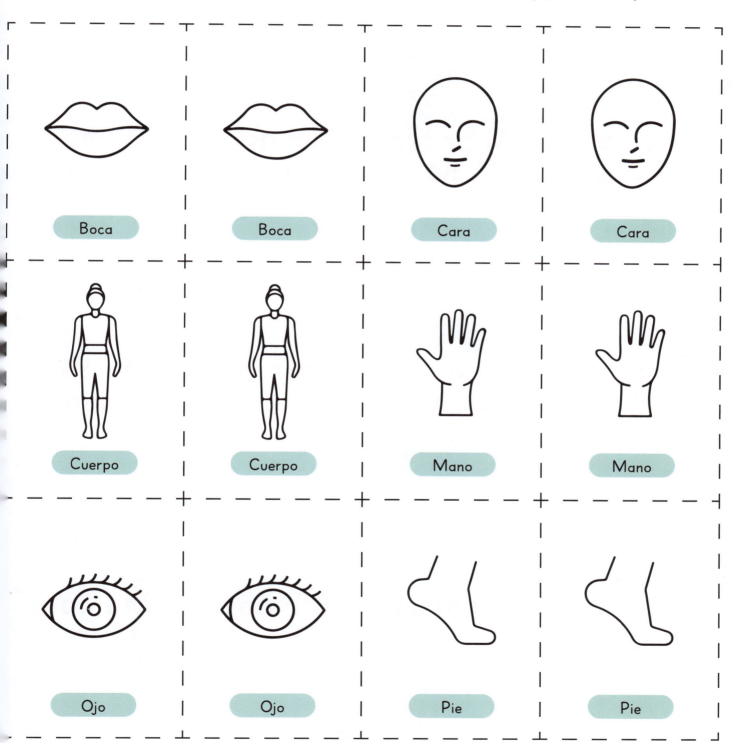

The Complete Spanish Workbook for Kids • FACE AND BODY

Nombre _____ Fecha _____

Memory Game

This is the back of the cards to be cut out for the game on page 143.

Memory Game	Memory Game	Memory Game	Memory Game
Memory Game	Memory Game	Memory Game	Memory Game
Memory Game	Memory Game	Memory Game	Memory Game

Nombre _____ Fecha _____

Vocabulary Review

Look in a mirror. Draw a picture of your face and label all of the parts.

You learned all about the **face and body** in Spanish!

The Complete Spanish Workbook for Kids • **FACE AND BODY**   145

Nombre _____ Fecha _____

All About the Family

1. Color each member of the family. 2. Trace the words.

MOTHER	FATHER	GRANDMOTHER	GRANDFATHER

Madre (mah-dreh)	Padre (pah-dreh)	Abuela (ah-bweh-lah)	Abuelo (ah-bweh-loh)

SISTER	BROTHER	AUNT	UNCLE

Hermana (ehr-mah-nah)	Hermano (ehr-mah-noh)	Tía (tee-ah)	Tío (tee-oh)

BABY	COUSIN	COUSIN	FAMILY

Bebé (beh-beh)	Prima (pree-mah)	Primo (pree-moh)	Familia (fah-mee-lyah)

FAMILY AND FRIENDS • The Complete Spanish Workbook for Kids

Nombre _____ Fecha _____

Family (and Friends!) Tree

1. Trace the words. 2. Trace the lines connecting the family tree.

Nombre _____ Fecha _____

Definite Articles

1. Color the definite articles. 2. Trace the words in the table.

the = el, la, los, las

Grandmother

The English word "**the**" has four different translations in Spanish: **el, la, los,** and **las**. The correct **artículo definido** depends on whether the word it is defining is masculine (like **el niño**) or feminine (like **la niña**) and whether it is a single person or multiple.

Read the chart below and trace the artículos definidos.

	Masculine	Feminine
Singular (only one)	El (El hombre → The man)	La (La mujer → The woman)
Plural (more than one)	Los (Los hombres → The men)	Las (Las mujeres → The women)

148 FAMILY AND FRIENDS · The Complete Spanish Workbook for Kids

Nombre _____ Fecha _____

Fill in the Definite Articles

Write the correct definite article for each person.

> el, la, los, las

1. **la** madre
2. _____ amigo
3. _____ abuelas
4. _____ hermano
5. _____ hijas
6. _____ primo
7. _____ padre
8. _____ amiga
9. _____ abuelos
10. _____ hermana
11. _____ hijos
12. _____ prima

Answers: 1. la, 2. el, 3. las, 4. el, 5. las, 6. el, 7. el, 8. la, 9. los, 10. la, 11. los, 12. la

The Complete Spanish Workbook for Kids • FAMILY AND FRIENDS

Nombre _____ Fecha _____

Find the Pairs

1. Choose the correct English word. 2. Draw lines to match the Spanish pairs!

Mamá
- Mom
- Dad

Tío
- Aunt
- Uncle

Amigo
- Friend (girl)
- Friend (boy)

Hija
- Daughter
- Son

Abuela
- Grandfather
- Grandmother

Abuelo
- Grandmother
- Grandfather

Amiga
- Friend (boy)
- Friend (girl)

Hijo
- Son
- Daughter

Papá
- Dad
- Mom

Tía
- Uncle
- Aunt

150 **FAMILY AND FRIENDS** • The Complete Spanish Workbook for Kids

Nombre _____ Fecha _____

Vocabulary Review

Draw and label your family tree! Include as many members as you can. Ask a grown up if you need help.

You learned all about **family and friends** in Spanish!

The Complete Spanish Workbook for Kids • **FAMILY AND FRIENDS**

Nombre _____ Fecha _____

All About the Home

Trace the words.

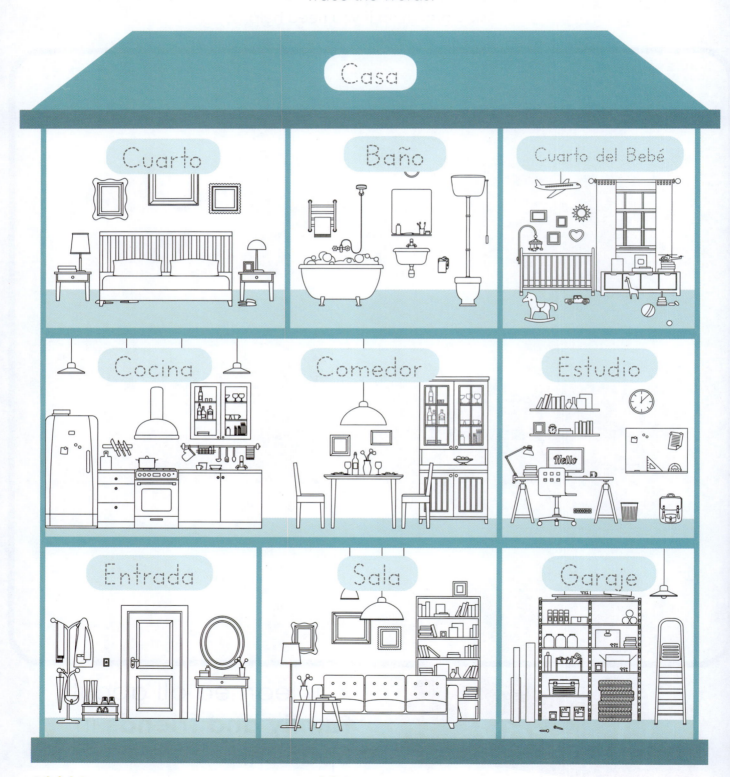

152 HOME • The Complete Spanish Workbook for Kids

Nombre _____   Fecha _____

Items Around the House

1. Color each household item. 2. Trace the words.

RUG	BED	LAMP
 Alfombra (ahl-fohm-brah)	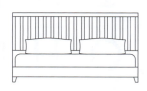 Cama (kah-mah)	 Lámpara (lahm-pah-rah)

TABLE	PLANT	REFRIGERATOR
 Mesa (meh-sah)	 Planta (plahn-tah)	 Refrigerador (rreh-free-heh-rah-dohr)

CHAIR	SOFA	WINDOW
 Silla (see-yah)	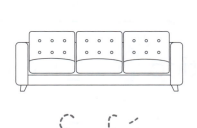 Sofá (soh-fah)	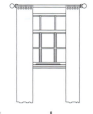 Ventana (behn-tah-nah)

Nombre _____ Fecha _____

Rooks of the House Word Search

Search for and circle the hidden words!

```
C O C I N A F Y
E D Ñ O H M C O
J O C I T Á U V
A E I D O S A A
R I Q U G A R S
A B Á T O L T A
G T N S L A O C
O W T E B A Ñ O
```

- ☐ ático
- ☐ baño
- ☐ casa
- ☐ cocina
- ☐ cuarto
- ☐ estudio
- ☐ garaje
- ☐ sala

Nombre _____ Fecha _____

Household Items

1. Cut out the items at the bottom of the page. 2. Glue them in the correct room!

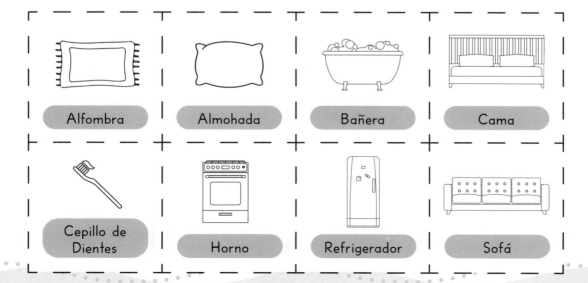

The Complete Spanish Workbook for Kids • HOME   155

Nombre _____ Fecha _____

Household Items

This is the back of the matching cards to be cut out for the game on page 155.

Household Items	Household Items	Household Items	Household Items
Household Items	Household Items	Household Items	Household Items

Nombre _____ Fecha _____

Vocabulary Review

Connect each Spanish word to the correct English word.

Ático	Attic
Baño	Bathroom
Casa	Bedroom
Cocina	Door
Cuarto	Garage
Escaleras	House
Estudio	Kitchen
Garaje	Living Room
Puerta	Office
Sala	Stairs

You learned all about **the home** in Spanish!

The Complete Spanish Workbook for Kids • HOME 157

Nombre _____   Fecha _____

All About the School and Classroom

1. Color each member of the family. 2. Trace the words.

SCHOOL

Escuela
(ehs-kweh-lah)

CLASSROOM

Salón
(sah-lohn)

TEACHER

Maestra
(mah-ehs-trah)

STUDENT

Estudiante
(ehs-too-dyahn-teh)

DESK
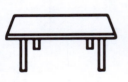
Pupitre
(poo-pee-treh)

PENCIL

Lápiz
(lah-pees)

NOTEBOOK

Cuaderno
(kwah-dehr-noh)

BOOK

Libro
(lee-broh)

SCISSORS

Tijera
(tee-heh-rah)

BACKPACK

Mochila
(moh-chee-lah)

CHAIR

Silla
(see-yah)

CLOCK

Reloj
(rreh-lohh)

158   ALPHABET • The Complete Spanish Workbook for Kids

Nombre _____ Fecha _____

Search and Color

Color each item in the classroom according to the label colors.

Cuaderno   **Libro**   **Reloj**
Escuela   **Mochila**   **Silla**
Lápiz   **Pupitre**   **Tijeras**

The Complete Spanish Workbook for Kids • ALPHABET   159

Nombre _____   Fecha _____

Fill in the Missing Vowels

Fill in the missing vowels for each item.

   __st__d____nt__

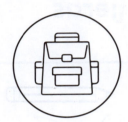   m__ch__l__

   t__j__r__s

   c____d__rn__

   p__p__tr__

   __sc____l__

Nombre _____ Fecha _____

Get Ready for School

1. Cut out the school items at the bottom of the page. 2. Glue the items that belong in a **mochila** and the ones that belong in a **salón**.

The Complete Spanish Workbook for Kids • SCHOOL AND CLASSROOM   161

Nombre _____ Fecha _____

Get Ready for School

This is the back of the matching cards to be cut out for the game on page 161.

Get Ready for School	Get Ready for School	Get Ready for School	Get Ready for School
Get Ready for School	Get Ready for School	Get Ready for School	Get Ready for School

Nombre _____ Fecha _____

Vocabulary Review

Draw and label five school supplies.

You learned all about **school** in Spanish!

Nombre _____ Fecha _____

Around Town

1. Color each place. 2. Trace the words.

SCHOOL	CHURCH	PARK	LIBRARY
 Escuela (ehs-kweh-lah)	 Iglesia (ee-gleh-syah)	 Parque (pahr-keh)	 Biblioteca (bee-blyoh-teh-kah)

BEACH	GYM	THEATER	HOSPITAL
 Playa (plah-yah)	 Gimnasio (heem-nah-syoh)	 Teatro (teh-ah-troh)	 Hospital (ohs-pee-tahl)

STORE	BAKERY	RESTAURANT	BANK
 Tienda (tyehn-dah)	 Panadería (pah-nah-deh-ree-ah)	 Restaurante (rrehs-tow-rahn-teh)	 Banco (bahng-koh)

164 PLACES • The Complete Spanish Workbook for Kids

Nombre _____ Fecha _____

Label the Map

Use the word bank to fill in the name of each place.

Biblioteca   Escuela   Hospital   Iglesia   Panadería   Tienda

1 _____   4 _____

2 _____   5 _____

3 _____   6 _____

The Complete Spanish Workbook for Kids • PLACES   165

Nombre _____ Fecha _____

Place Match

Match the items to the place you would find each one.

Comida

Curita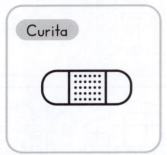

Dinero

Libro

Pesa

Banco

Biblioteca

Gimnasio

Hospital

Restaurante

166 PLACES • The Complete Spanish Workbook for Kids

Nombre _____   Fecha _____

Around the World

1. Trace the words. 2. Fill in the blanks.

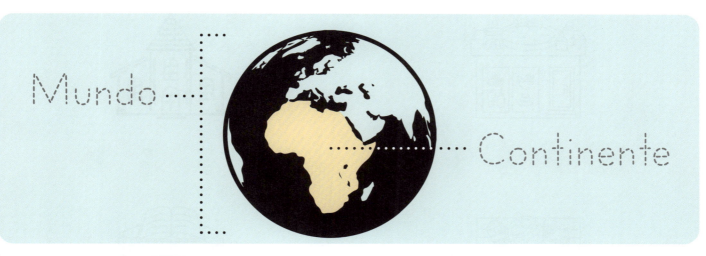

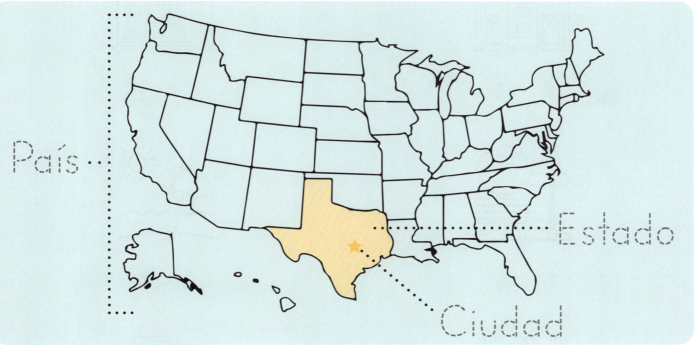

Mi país es	**Mi estado es**	**Mi ciudad es**
_____	_____	_____

The Complete Spanish Workbook for Kids • PLACES

Nombre _____ Fecha _____

Choose the Beginning Letter

Circle the correct beginning letter for each place.

A P D E

H L I P

G F T L

B C E H

P E M S

G N P F

W U C G

S I D B

168 PLACES • The Complete Spanish Workbook for Kids

Nombre _____   Fecha _____

Vocabulary Review

Connect each Spanish word to the correct English word.

Banco	Bakery
Biblioteca	Bank
Ciudad	Beach
Continente	Church
Estado	City
Gimnasio	Continent
Hospital	Country
Iglesia	Gym
Mundo	Hospital
País	Library
Panadería	Park
Parque	State
Playa	Store
Teatro	Theater
Tienda	World

You learned all about **places** in Spanish!

The Complete Spanish Workbook for Kids • PLACES   169

Nombre _____ Fecha _____

Days of the Week

1. Practice writing the days of the week. 2. Say each day out loud.

MONDAY

lunes
(loo-nehs)

TUESDAY

martes
(mahr-tehs)

WEDNESDAY

miércoles
(myehr-koh-lehs)

THURSDAY

jueves
(hweh-behs)

FRIDAY

viernes
(byehr-nehs)

SATURDAY

sábado
(sah-bah-doh)

SUNDAY

domingo
(doh-meeng-goh)

Hay siete días en una semana.

There are seven days in a week.

170   DAYS AND MONTHS • The Complete Spanish Workbook for Kids

Nombre _____   Fecha _____

Before and After

Write the day the comes before and after each day.

antes (before)   **después de** (after)

- lunes
- martes
- miércoles
- jueves
- viernes
- sábado
- domingo

Nombre _____ Fecha _____

Months of the Year

los meses del año

1. Write the months of the year. 2. Color the pictures.

JANUARY

enero
(eh-neh-roh)

FEBRUARY

febrero
(feh-breh-roh)

MARCH

marzo
(mahr-soh)

APRIL

abril
(ah-breel)

MAY

mayo
(mah-yoh)

JUNE

junio
(hoo-nyoh)

JULY

julio
(hoo-lyoh)

AUGUST

agosto
(ah-gohs-toh)

SEPTEMBER

septiembre
(sehp-tyehm-breh)

OCTOBER

octubre
(ohk-too-breh)

NOVEMBER

noviembre
(noh-byehm-breh)

DECEMBER

diciembre
(dee-syehm-breh)

DAYS AND MONTHS • The Complete Spanish Workbook for Kids

Nombre _____ Fecha _____

Months of the Year

Cut out the months. Arrange them in the correct order through the year.

abril	agosto
diciembre	enero
febrero	julio
junio	marzo
mayo	noviembre
octubre	septiembre

Nombre _____ Fecha _____

Months of the Year

This is the back of the months of the year game on page 173.

Months of the Year	Months of the Year
Months of the Year	Months of the Year
Months of the Year	Months of the Year
Months of the Year	Months of the Year
Months of the Year	Months of the Year
Months of the Year	Months of the Year

Nombre _____ Fecha _____

Vocabulary Review

Connect each Spanish word to the correct English word.

agosto	August
año	Day
día	Friday
domingo	January
enero	March
jueves	May
lunes	Monday
martes	Month
marzo	Saturday
mayo	Sunday
mes	Thursday
miércoles	Tuesday
sábado	Wednesday
semana	Week
viernes	Year

You learned all about **days and months** in Spanish!

The Complete Spanish Workbook for Kids • DAYS AND MONTHS

Nombre _____ Fecha _____

Aa Aa Aa Bb Bb Bb

Cc Cc Cc Dd Dd Dd

Ee Ee Ee Ff Ff Ff

Gg Gg Gg Hh Hh Hh

Nombre _____ Fecha _____

Ii Ii Ii Jj Jj Jj

Kk Kk Kk Ll Ll Ll

Mm Mm Mm Mm

Nn Nn Nn Ññ Ññ Ññ

Nombre _____ Fecha _____

Oo Oo Oo Pp Pp Pp

Qq Qq Qq Rr Rr Rr

Ss Ss Ss Tt Tt Tt

Uu Uu Uu Vv Vv Vv

HANDWRITING PRACTICE • The Complete Spanish Workbook for Kids

Nombre _____ Fecha _____

Ww Ww Ww Ww

Xx Xx Xx Yy Yy Yy

Zz Zz Zz

Abecedario Abecedario

Nombre _____ Fecha _____

Escuela Escuela

Estudiante Estudiante

Familia Familia

Niño Niño Niño

HANDWRITING PRACTICE • The Complete Spanish Workbook for Kids

Nombre _____ Fecha _____

Niña Niña Niña

Padres Padres Padres

Amigo Amigo Amigo

Amiga Amiga Amiga

Abecedario	Alphabet	**Bajo**	Short (stature)
Abeja	Bee	**Ballena**	Whale
Abierto	Open	**Balón**	Basketball
Abrigo	Coat	**Banco**	Bank
abril	April	**Bañera**	Bathtub
Abuela	Grandmother	**Baño**	Bathroom
Abuelo	Grandfather	**Barbilla**	Chin
Abuelos	Grandparents	**Barriga**	Stomach
agosto	August	**Bebé**	Baby
Alfombra	Rug	**Bebé**	Baby
Almohada	Pillow	**Biblioteca**	Library
Almuerzo	Lunch	**Bicicleta**	Bicycle
Alto	Tall	**Bistec**	Steak
Amarillo	Yellow	**Blanco**	White
Amiga	Friend (female)	**Blusa**	Blouse
Amigo	Friend (male)	**Boca**	Mouth
Anaña	Spider	**Brazo**	Arm
Anaranjado	Orange (color)	**Brócoli**	Broccoli
Año	Year	**Bufanda**	Scarf
Apio	Celery	**Caballo**	Horse
Árbol	Tree	**Cabeza**	Head
Arcoiris	Rainbow	**Cabra**	Goat
Arroz	Rice	**Cabrito**	Kid
Artículo definido	Definite Article	**Cactus**	Cactus
Ático	Attic	**Calabaza**	Squash
Azul	Blue	**Calcetín**	Sock

Caliente	Hot	**Ciudad**	City
Cama	Bed	**Cocina**	Kitchen
Camión	Truck	**Codo**	Elbow
Camisa	Shirt	**Comida**	Food / Meal
Cara	Face	**Continente**	Continent
Caracol	Snail	**Corazón**	Heart
Casa	House	**Cordero**	Lamb
Catorce	Fourteen	**Corto**	Short (length)
Cebolla	Onion	**Cuaderno**	Notebook
Ceja	Eyebrow	**Cuadrado**	Square
Cena	Dinner	**Cuántos**	How many?
Cepillo de Dientes	Toothbrush	**Cuarenta**	Forty
Cerdito	Piglet	**Cuarto**	Bedroom
Cerdo	Pig	**Cuatro**	Four
Cereza	Cherry	**Cuello**	Neck
Cero	Zero	**Cuerpo**	Body
Cerrado	Closed	**Curita**	Bandaid
Chancla	Sandals	**Dado**	Dice
Chaqueta	Jacket	**Dálmata**	Dalmation
Charco	Puddle	**Dedo**	Finger
Chícharo	Peas	**Delfin**	Dolphin
Chocolate	Chocolate/Cocoa	**Desayuno**	Breakfast
Cien	One hundred	**Día**	Day
Cinco	Five	**diciembre**	December
Cincuenta	Fifty	**Diecesiete**	Seventeen
Círculo	Circle	**Diecinueve**	Nineteen

Dieciocho	Eighteen
Dieciséis	Sixteen
Dientes	Teeth
Diez	Ten
Diferente	Different
Dinero	Money
Dinosaurio	Dinosaur
Doce	Twelve
domingo	Sunday
Dos	Two
Dulce	Candy
el / él	The (masculine)
Elefante	Elephant
enero	January
Escaleras	Stairs
Escuela	School
Espagueti	Spaghetti
Espalda	Back
Espantapájaros	Scarecrow
Esquí	Ski
Estación	Season
Estado	State
Estrella	Star
Estudiante	Student
Estudio	Office
Falda	Skirt

Familia	Family
Faro	Lighthouse
febrero	February
Fecha	Date
Feliz	Happy
Flor	Flower
Fresa	Strawberry
Frijoles	Beans
Frío	Cold
Fruta	Fruit
Galleta	Cookie
Gallina	Hen
Gallo	Rooster
Garaje	Garage
Gatito	Kitten
Gato	Cat
Gimnasio	Gym
Gorra	Baseball hat
Gorro	Hat
Grande	Large
Granja	Farm
Granjero	Farmer
Guante	Gloves
Guitarra	Guitar
Hacha	Ax
Hamburguesa	Hamburger

Helado	Ice Cream
Helicóptero	Helicopter
Heno	Hay
Hermana	Sister
Hermano	Brother
Hija	Daughter
Hijo	Son
Hoja	Leaf
Hombre	Man
Hombro	Shoulder
Horno	Oven
Hospital	Hospital
Huevo	Egg
Iglesia	Church
Iguana	Iguana
Imán	Magnet
Invierno	Winter
Jabón	Soap
Jardín	Garden
Jaula	Cage
Jirafa	Giraffe
Joven	Young
jueves	Thursday
julio	July
junio	June
Kimono	Kimono

Kiwi	Kiwi
Koala	Koala
la	The (feminine)
Lámpara	Lamp
Langosta	Lobster
Lápiz	Pencil
Largo	Long
las	The (feminine, plural)
Leche	Milk
Lechuga	Lettuce
Lengua	Tongue
Lentes	Eye glasses
Lento	Slow
León	Lion
Libro	Book
Limón	Lemon
Limpio	Clean
Llave	Key
Lleno	Full
Lluvia	Rain
los	The (masculine, plural)
lunes	Monday
Madre	Mother
Maestra	Teacher
Maíz	Corn
Mancha	Dot

Mano	Hand		**Nariz**	Nose
Mantequilla	Butter		**Negro**	Black
Manzana	Apple		**Nido**	Nest
Mariposa	Butterfly		**Nieve**	Snow
Mariquita	Ladybug		**Niña**	Girl
martes	Tuesday		**Niño**	Boy
marzo	March		**Niños**	Children
Más	More		**Nombre**	Name
Mascota	Pet		**Noventa**	Ninety
mayo	May		**noviembre**	November
Mediano	Medium		**Nube**	Cloud
Menos	Less		**Nueve**	Nine
Mes	Month		**Número**	Number
Mesa	Table		**Ochenta**	Eighty
miércoles	Wednesday		**Ocho**	Eight
Mismo	Same		**octubre**	October
Mochila	Backpack		**Ojo**	Eye
Mojado	Wet		**Ola**	Wave
Mono	Monkey		**Olla**	Pot
Morado	Purple		**Once**	Eleven
Mujer	Woman		**Opuesto**	Opposite
Mula	Mule		**Oreja**	Ear
Mundo	World		**Oso**	Bear
Muñeca de papel	Paper doll		**Otoño**	Autumn
Ñame	Yam potato		**Óvalo**	Oval
Naranja	Orange (fruit)		**Oveja**	Sheep

Padre	Father	**Pierna**	Leg
Padres	Parents	**Pingüino**	Penguin
País	Country	**Pizza**	Pizza
Pala	Shovel	**Planeta**	Planet
Paleta	Popsicle	**Planta**	Plant
Pan	Bread	**Plátano**	Banana
Panadería	Bakery	**Playa**	Beach
Pantalón	Pants	**Playa**	Beach
Papa	Potato	**Pollito**	Chick
Parque	Park	**Pollo**	Chicken (culinary)
Pasta	Pasta	**Postre**	Dessert
Pastel	Cake	**Potro**	Colt
Pasto	Grass	**Pozo**	Well
Pato	Duck	**Prima**	Cousin (female)
Pavo	Turkey	**Primavera**	Spring
Pecho	Chest	**Primo**	Cousin (male)
Pelo	Hair	**Puerta**	Door
Pelota	Ball	**Pulpo**	Octopus
Pentágono	Pentagon	**Punto**	Spot
Pepino	Cucumber	**Pupitre**	Desk
Pequeño	Small	**Queso**	Cheese
Perro	Dog	**Quince**	Fifteen
Persona	Person	**Rápido**	Fast
Pesa	Dumbbell	**Rastrillo**	Rake
Pescado	Fish (culinary)	**Ratón**	Mouse
Pie	Foot	**Rectángulo**	Rectangle

Refrigerador	Refrigerator		**Triste**	Sad
Reina	Queen		**Unicornio**	Unicorn
Reloj	Clock		**Uno**	One
Restaurante	Restaurant		**Uvas**	Grapes
Rodilla	Knee		**Vaca**	Cow
Rojo	Red		**Vacío**	Empty
Rombo	Rhombus		**Vaquero**	Cowboy
Ropa	Clothing		**Vegetal**	Vegetable
Rosa	Pink		**Veinte**	Twenty
sábado	Saturday		**Ventana**	Window
Sala	Living Room		**Verano**	Summer
Salón	Classroom		**Verde**	Green
Sandía	Watermelon		**Vestido**	Dress
Seco	Dry		**Viejo**	Old
Seis	Six		**Viento**	Wind
Semana	Week		**viernes**	Friday
septiembre	September		**Violín**	Violin
Sesenta	Sixty		**Windsurfing**	Windsurfing
Setenta	Seventy		**Wok**	Wok
Short	Shorts		**Xilófono**	Xylophone
Siete	Seven		**Yo**	Me
Silla	Chair		**Yogur**	Yogurt
Sofá	Sofa		**Yoyó**	Yoyo
Sol	Sun		**Zanahoria**	Carrots
Sombrero	Cowboy hat		**Zapato**	Shoe
Sopa	Soup		**Zorro**	Fox